Cuaderno de Notas

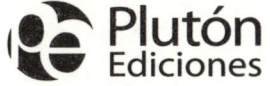
Plutón
Ediciones

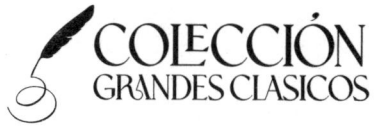

COLECCIÓN
GRANDES CLASICOS

Cuaderno de Notas

Leonardo da Vinci

Traducción: Celia Akram

© Plutón Ediciones X, s. l., 2015

Segunda Edición: 2018
Tercera Edición: 2022
Cuarta Edición: 2025

Diseño de cubierta: Alejandro Díaz
Maquetación: Saul Rojas Blonval

Edita: Plutón Ediciones X, s. l.,

E-mail: contacto@plutonediciones.com
http://www.plutonediciones.com

Impreso en España / Printed in Spain

I.S.B.N anterior: 978-84-15089-79-7

I.S.B.N: 978-84-10233-94-2
Depósito Legal: B-3789-2025

Estudio Preliminar

Leonardo da Vinci, el hombre renacentista por excelencia, era pintor, escultor, arquitecto, músico, matemático, ingeniero, inventor, anatomista, geólogo, astrónomo, cartógrafo, botanista, historiador y escritor. Nacido en Vinci, cerca de Florencia, Italia, en 1452, fue el hijo ilegítimo de un notario y una campesina, y a pesar de sus humildes orígenes llegó a codearse con los nobles y hombres de poder de su tiempo. Su fama llega a nuestros días principalmente como pintor, gracias en parte a su autoría de la *Mona Lisa* y del fresco *La Última Cena*, dos de las imágenes artísticas más reconocidas del mundo. Sin embargo, el talento y los intereses de Leonardo da Vinci, sobrepasaron con creces a la pintura, como podemos comprobar con la gran cantidad de documentos y cuadernos de notas que dejó, y que reúnen sus observaciones, teorías e ideas sobre el mundo que lo rodeaba y sus inquietudes racionales y científicas.

Una mente en constante búsqueda de respuestas, da Vinci no reconocía —o no creía, mejor dicho— en las diferencias entre el arte y la ciencia. Sus estudios y exploraciones intelectuales las realizaban con el método empírico, la base de la ciencia moderna, que dicta que el conocimiento es alcanzado a través de la experimentación sensorial, el ensayo y error, y la evidencia como soporte de la verdad. El método empírico no era ampliamente utilizado en aquél tiempo, donde apenas empezaban a brillar las primeras luces del Renacimiento.

Hasta nuestros días han sobrevivido más de 13.000 páginas de notas y dibujos que van desde teoría artística y de composición gráfica, hasta filosofía natural, humor y medicina. Sus notas eran el reflejo de su mente y sus intereses, estaban en constante evolución. Cualquier tema nuevo era tratado con pasión hasta alcanzar el nivel de información que el autor requería o necesitaba, para aumentar sus conocimientos de otra materia o por simple curiosidad intelectual. La razón exacta y certera que explique la variedad y el rango de los intereses de Leonardo da Vinci siempre será un misterio, pero no queda menos que maravillarnos ante esta aglomeración de sabiduría e ingenio.

Sus cuadernos fueron recogidos y distribuidos por sus amigos después de su muerte y han formado —y forman— parte de las colecciones de la British Library y el Victoria and Albert Museum de Londres, la Biblioteca Nacional de España, el Museo Louvre en París y la Biblioteca Ambrosiana de Milán. Aparentemente, y por la evidencia de su presentación y disposición, estas notas tenían la intención de ser publicadas, sin embargo no se conoce la razón por la cual esto nunca llegó a suceder durante la vida del autor.

Leonardo da Vinci murió en Francia en 1519, bajo el servicio del rey Francisco I de Francia, principal promotor del Renacimiento francés.

CUADERNO DE NOTAS

ARTE

I. La carrera del arte

1. La vista y la apariencia de las cosas

a) Los cinco sentidos

La facultad intelectual que le ha sido otorgada al hombre, según la conclusión a la que han llegado los teóricos antiguos, es estimulada por un instrumento con el que, a través del órgano de percepción, están conectados los cinco sentidos. Y a este instrumento le han llamado "sentido común". Sencillamente se usa este nombre por ser el juez común de los demás cinco sentidos: vista, olfato, oído, gusto y tacto.

El órgano de percepción que se sitúa equidistante de él y los sentidos activa el "sentido común". La función del órgano de percepción se da a través de las imágenes de los objetos transmitidos a él por los cinco sentidos que se encuentran situados en la superficie, equidistantes del órgano de percepción y de las cosas externas...

Los objetos circundantes transmiten sus imágenes a los sentidos y estos las transmiten al órgano de percepción. A su vez, el órgano de percepción las transmite al "sentido común" y a través de este se graban y se retienen en la memoria más o menos distintamente de acuerdo con el poder o la importancia del objeto. Funciona con más rapidez el sentido que está más próximo al órgano de percepción. Y este es el ojo, el principal guía de los demás. Para no extendernos, vamos a tratar únicamente de este y dejaremos los otros.

El ojo, según nos enseña la experiencia, capta diez cualidades distintas de los objetos: la oscuridad y la luz —la primera sirve para esconder las otras nueve y la segunda para descubrirlas—, la sustancia y color, el movimiento y reposo, la forma y posición, la distancia y proximidad.

Los auxiliares del alma son los sentidos.

Donde habita el juicio se encuentra el alma, y el juicio habita en el sitio denominado "sentido común", donde están todos los sentidos. Justamente es aquí donde está y no en el cuerpo, como muchas personas han pensado. Si fuese de esa manera, para los sentidos no hubiera sido necesario el hallarse en un lugar determinado. Para que el alma hubiese captado los objetos en la superficie del ojo, hubiera sido suficiente que el ojo registrara su percepción en la superficie, en vez de transmitir las imágenes de ellos al sentido común a través de los nervios ópticos.

Igual podemos decir del sentido del oído. Sería suficiente que la voz sencillamente resonara en el agujero arqueado del hueso en forma de roca que se encuentra situado en el interior, sin tener que pasar al «sentido común», que es a donde la voz es transmitida.

Asimismo, por necesidad de recurrir al «sentido común», el sentido del olfato se ve forzado.

En el caso del tacto, este pasa por los tendones perforados y es transmitido al mismo lugar. Con infinitas ramificaciones, estos tendones se extienden por la piel... y conducen el impulso y la sensación a las extremidades. Cuando pasan entre los músculos y fibras les transmiten su movimiento. Ellos obedecen y, al obedecer, se contraen porque la hinchazón de los músculos reduce su largura. Los nervios están entretejidos con los músculos y se extienden a las extremidades de los dedos que transmiten al «sentido común» la impresión de lo que tocan.

Así como los soldados sirven a sus jefes, los nervios, con sus músculos, sirven a los tendones. Como los jefes a su capitán, los tendones sirven al «sentido común». Y como el capitán sirve a su señor, el «sentido común» sirve al alma.

El alma, de igual forma, no es la que sirve al sentido, si no que es el sentido el que sirve al alma. Es por eso que, cuando no está el sentido que tendría que servir al alma, esta, en una existencia así, carece de la noción de la función de ese sentido, como lo podemos comprobar en el caso de un ciego o de un mudo de nacimiento.

De las diez funciones del ojo relativas al pintor.

El total de las diez funciones del ojo es abarcado por la pintura, esto es: la luz, la oscuridad, el cuerpo, el color, la forma, la moción, el reposo, la ubicación, la lejanía y la proximidad. Mi pequeña labor consistirá en entretejer todas estas funciones, recordando al pintor cómo con su arte debe reproducir todos estos elementos, el adorno del mundo y la obra de la naturaleza.

b) El ojo.

La ventana del alma es el ojo, el órgano principal por el que el intelecto puede tener la más completa y grandiosa visión de las obras eternas de la naturaleza.

¿Acaso no nos damos cuenta de que el ojo abarca la hermosura de la totalidad del universo...? Corrige y asesora todas las artes humanas... Las ciencias que se fundan en él son totalmente ciertas, y es el príncipe de las matemáticas. Ha medido la magnitud y las distancias de las estrellas. Ha descubierto los elementos y dónde están situados... Ha dado a luz el divino arte de la pintura, la arquitectura y la perspectiva.

¡Qué cosa más sublime, superior a todo lo creado por Dios! ¿A tu nobleza qué halagos pueden hacer justicia? ¿Qué lenguas, qué pueblo, podrán describir tu función exhaustivamente? La ventana del cuerpo humano es el ojo, a través del cual disfruta de la belleza del mundo y descubre su camino. El alma permanece alegre en la prisión corporal gracias al ojo, porque sin él sería un suplicio una prisión así.

Estupenda y extraordinaria necesidad, tú haces, con importante razón, que todas las consecuencias sean el resultado directo de sus causas. Toda acción natural, por una irrevocable y suprema ley, te obedece por el proceso más breve posible. ¿Quién podría imaginar que un espacio tan diminuto podría contener la totalidad de las imágenes del universo? ¡Qué proceso tan poderoso! ¿Qué talento puede ser útil para ahondar en una naturaleza así? ¿Qué lengua puede revelar tan enorme prodigio? Realmente, ninguna. Quien orienta la reflexión humana para la consideración de las cosas divinas es el ojo. En un punto se contraen todos los colores, todas las formas, todas las imágenes de cada parte del universo. ¿Qué otro punto existe tan extraordinario? Admirable y maravillosa necesidad; haces por tu ley que, por la vía más corta, toda consecuencia sea el resultado directo de su causa.

Realmente, los milagros son estos... El ojo recompone y reproduce formas perdidas, ampliando las que están en él mezcladas y reducidas a un espacio muy pequeño.

Vamos a describir qué proporción existe en su anatomía entre los diámetros en el ojo de todas las lentes y la distancia de estas al cristalino.

El ojo, en el que se refleja la hermosura del universo, es de tal perfección que está privado de la representación de todas las obras de la naturaleza quien lo pierde. El alma se alegra con estar encarcelada en la prisión del cuerpo, porque podemos observar los objetos gracias a los ojos, ya que a través de ellos se representa el alma de todas las múltiples cosas de la naturaleza. Quien pierde los ojos deja el alma en una oscura cárcel, sin esperanzas de mirar nuevamente la luz del sol, lámpara de la Tierra. Muchas son las personas que detestan la oscuridad de la noche, a pesar de que dura muy poco. ¿Qué harían si la compañera inseparable de su existencia fuera la oscuridad?

El aire está repleto de un sinfín de imágenes de objetos que se encuentran desparramados en él. La totalidad de estos objetos se encuentran representados en todos y todos en cada uno de ellos. Consecuentemente, si dos espejos se ponen uno frente al otro, el primero se va a reflejar en el segundo y el segundo en el primero. Ahora bien, el primero, al encontrarse reflejado en el segundo, le lleva su propia imagen al lado de todas las imágenes reflejadas en él, estando la imagen del segundo espejo entre estas. De esa manera sigue de imagen a imagen hasta la eternidad, de tal modo que cada espejo tiene un número infinito de espejos en él, uno dentro del otro, y cada uno más pequeño que el último. Se demuestra con este ejemplo que cada objeto transmite su imagen a todos los sitios donde se puede ver y, al contrario, cada objeto tiene la capacidad de recibir en sí mismo todas las imágenes de los objetos que están mirando hacia él.

El ojo, por lo tanto, puede transmitir por el aire su propia imagen a todos los objetos que pueden mirar hacia él. Asimismo, recibe en su superficie todas las imágenes de los objetos, de donde el "sentido común" las recibe, las considera y confía las más gratas a la memoria.

Yo sostengo por esto que los poderes no visibles de la fantasía en los ojos se pueden proyectar al objeto, como hacen proyectándose en los ojos las imágenes del objeto.

Un claro ejemplo de cómo las imágenes de la totalidad de los objetos se propagan por el aire puede verse si muchos espejos están colocados en un círculo de tal forma que se reflejan un número infinito de veces entre sí. Ya que cuando la imagen de uno llega al otro, rebota a su fuente y entonces, haciéndose más diminuta, rebota hacia el objeto y después regresa; y así repetidamente, un número infinito de veces.

Si ponemos por la noche una luz entre dos espejos planos separados por la distancia de un codo, podremos ver en cada uno de ellos un número infinito de luces, una más pequeña que la otra, repetidamente.

Si ponemos por la noche una luz entre las paredes de un cuarto, quedará matizada, cada parte de ellas, por las imágenes de esta luz, y serán iluminadas por ella todas esas partes que se encuentran expuestas de manera directa a la luz. En la transmisión de los rayos solares esto es mucho más claro, porque pasan a todos los objetos y a las partes más minúsculas de cada objeto, y cada rayo transmite la imagen de su fuente a su objeto.

El ojo también envía su imagen al objeto si el objeto que está frente al ojo le manda su imagen. De este modo, no hay ninguna razón, ni en el ojo ni en el objeto, para que se pierda alguna porción del objeto en las primeras imágenes. Por esta razón podemos creer más bien que la que atrae y recibe las imágenes de los objetos que hay en ella es la naturaleza y la fuerza de la atmósfera luminosa, que la que envía sus imágenes por el aire es la naturaleza de los objetos. Si el objeto que se encuentra opuesto al ojo tuviera que mandarnos su imagen, el ojo tendría que hacer igual con el objeto, por lo cual daría la impresión de que estas imágenes serían fuerzas etéreas.

Si esto fuera de esa manera, se requeriría que cada objeto se volviera velozmente más diminuto, debido a que cada objeto se puede hacer visible por su imagen frente a él en la atmósfera; esto es, el objeto completo en toda la atmósfera y todo en cada parte, hablando de esa atmósfera que tiene la capacidad de recibir las líneas radiantes y rectas de las imágenes que transmiten los objetos. Por este motivo debemos aceptar que es la naturaleza de esa atmósfera la que está entre los objetos para, igual que un imán, atraer hacia ella las imágenes de los objetos entre los que se encuentra colocada.

Entonces, probemos cómo todos los objetos, situados en una posición, están en todos lados y todos en cada uno.

Mantengo que si la fachada de una plaza, campo o edificio iluminados por el sol tienen en el lado opuesto una casa, y si hacemos un hoyo pequeño, redondeado, en la fachada que no da el sol, todos los objetos iluminados van a transmitir sus imágenes por este hoyo y van a ser visibles dentro de la casa, ubicada en la pared opuesta, que se va a tornar blanca, y las imágenes serán exactamente las mismas, pero al revés. Y tendríamos el mismo resultado si hiciéramos hoyos similares en varios sitios de la misma pared.

En consecuencia, todas las imágenes de los objetos iluminados están por todas partes de la pared y todas en la parte más diminuta. Y esto se debe a lo siguiente: sabemos con toda seguridad que este hoyo tiene que dar entrada a algo de luz de ese edificio y que esta luz proviene de uno o varios cuerpos luminosos. Si estos cuerpos son de distintas formas y colores, los rayos que forman las imágenes también serán de distintos colores y formas y la representación en la pared será, igualmente, de distintas formas y colores.

La naturaleza adapta el círculo de luz que se encuentra situado en el centro del blanco del ojo para captar los objetos. Este mismo círculo posee un punto que da la impresión de que es negro. Este es un nervio perforado, que penetra en el centro de poder dentro del cual se reciben las impresiones y donde elabora sus juicios el "sentido común".

Ahora bien, los objetos que se encuentran frente a los ojos mandan los rayos de sus imágenes a la manera de muchos arqueros que, con una carabina, tiran al blanco. El que se encuentre en línea recta con la dirección del orificio de la carabina será el que quizá dé con el dardo en el blanco. Igual ocurrirá con los objetos que se encuentran frente al ojo. Los que estén en línea recta con el nervio perforado serán los que pasen al sentido más directamente.

El líquido que se encuentra en la luz que rodea el centro negro del ojo actúa como los perros de caza que ayudan a los cazadores en la persecución de la presa. De esta manera, este humor que nace del poder de la "impresiva" y ve muchos objetos sin lograr captarlos, repentinamente vuelve hacia el rayo central un lado y únicamente recoge las imágenes que desea confiar a la memoria.

En conjunto todos los cuerpos y cada uno por sí mismo lanzan al aire circundante un número infinito de imágenes que se encuentran en todas y cada una de sus partes. Así cada una transmite el color, forma y naturaleza del cuerpo que la produce. Se puede demostrar claramente que la totalidad de los cuerpos impregnan con sus imágenes toda la atmósfera, todas en cada parte con su color, sustancia y forma. De esa manera lo confirman las imágenes de muchos y diversos cuerpos que por transmisión son reproducidos a través de una sola perforación, donde se entrecruzan las líneas, originando la inversión de las pirámides que proceden de los objetos, de tal forma que sus imágenes se reflejan en el plano oscuro al revés.

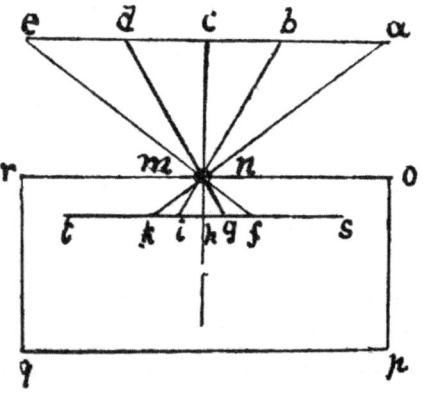

El siguiente experimento demuestra de qué manera los objetos transmiten sus imágenes o grabados entrecruzándose en el ojo, específicamente en el humor cristalino.

Esto surge cuando las imágenes de objetos iluminados penetran por un agujero redondo muy pequeño en una cámara muy oscura. Si hacemos que un papel blanco puesto en esta cámara oscura más bien cercana al agujero reciba estas imágenes, podremos observar todos los objetos en el papel con sus colores y formas propios, pero, gracias a la misma intersección, mucho más diminutos y vueltos al revés. Al ser transmitidas de un sitio iluminado por el sol, parecerá que estas imágenes estuvieran pintadas en el papel, que tiene que ser muy delgado y visto desde atrás. En una placa de acero muy fino se debe hacer la pequeña perforación.

Imaginemos que OR es el frente de la cámara oscura donde está el orificio NM y ABCDE son los objetos iluminados por el sol. Imaginemos que ST sea el papel que capta los rayos de las imágenes de estos objetos y los vuelve al revés, debido a que al ser los rayos rectos, A en el lado derecho se transforma en K en el izquierdo y E del izquierdo se transforma en F en el derecho. Igual ocurre en el interior de la pupila.

La necesidad ha dispuesto que se corten en dos planos todas las imágenes de objetos enfrente del ojo. En la pupila tiene lugar una de estas intersecciones; la otra, en el cristalino. De no ser esto de esta manera, el ojo no podría ver un número tan enorme de objetos como de hecho ve...

Toda imagen, incluso la del objeto más pequeño, entra en el ojo vuelta al revés, pero cuando entra en el cristalino es cambiada de nuevo en sentido contrario y de esa manera la imagen vuelve a la misma posición dentro del ojo como la del objeto que se encuentra en el exterior.

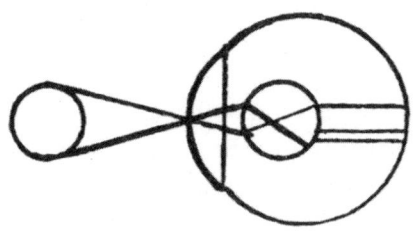

No es posible que el ojo proyecte desde sí mismo, a través de los rayos visuales, la fuerza visual, ya que esta tendría que salir hacia el objeto tan rápido como se abre la parte delantera del ojo, que daría lugar a esta emanación, y esto no se podría hacer sin que pasase un tiempo. Siendo esto de esta manera, no se podría trasladar la fuerza visual a una altura como la del sol, ni en el plazo de un mes, si el ojo deseara mirarlo. Y si pudiera llegar al sol, se seguiría obligatoriamente que siempre quedaría en una línea continua desde el ojo al sol, y se separaría de tal modo que formaría la base y la cúspide de una pirámide entre el sol y el ojo. En este caso, incluso imaginando que el ojo estuviera formado de un millón de mundos, al proyectar su fuerza no evitaría deshacerse. Y si esta fuerza se tuviera que trasladar por el aire igual que el perfume, los vientos la curvarían y llevarían a otro sitio. Sin embargo, de hecho, nosotros vemos la masa del sol con la misma velocidad que un objeto a la distancia de un brazo, y el poder visual no se ve obstaculizado por el soplo de los vientos ni por ningún otro accidente.

Considero que el poder de la visión se extiende por los rayos visuales a la superficie de los cuerpos que no son transparentes, a la vez que se extiende al poder visual el poder de estos cuerpos. De la misma forma, cada cuerpo cruza con su imagen el aire circundante. Hacen lo mismo cada uno por separado y todos juntos, y también lo cruzan en forma de fuerza, no únicamente en forma de figura.

Ejemplo.

Cuando el sol se encuentra sobre el centro de nuestro hemisferio podemos darnos cuenta de que hay imágenes donde quiera que aparezca. También percibiremos tanto su ardiente calor como el reflejo de su resplandor. Todas estas fuerzas provienen de la misma fuente a través de líneas radiantes que surgen del sol y finalizan en los objetos opacos, sin que ello provoque ninguna disminución de su fuente.

Refutación.

Me estoy refiriendo a los matemáticos que arguyen comentando que del ojo no puede emanar ninguna fuerza espiritual, porque esto supondría necesariamente un daño grave para el poder visual. En consecuencia, sostienen que el ojo recibe, pero no permite que salga nada de él.

Ejemplo.

¿Entonces qué dirán del almizcle que mantiene siempre una enorme cantidad de su atmósfera circundante impregnada de olor y, cuando es llevada de un lado a otro, satura con su perfume miles de millas sin que este disminuya?

¿Alguien se atreverá a decir que el tañido de la campana que suena diariamente en la campiña terminará consumiendo la campana?

Parece, ciertamente, que existen hombres que lo aseveran, ¡pero ya está bien! ¿Es que acaso los labriegos no ven a diario a la víbora llamada lamia atraer con sus ojos fijos, igual como el imán atrae al hierro, al ruiseñor que con acento lúgubre se apresura hacia su muerte?... Se dice también de las muchachas que atraen el amor de los hombres con el poder de sus miradas...

c) Perspectiva.

El freno y timón de la pintura es la perspectiva.

En la perspectiva, que no es otra cosa que un perfecto conocimiento de la función del ojo, se fundamenta la pintura. Simplemente, esta función consiste en recibir en una pirámide los colores y formas de todos los objetos colocados delante de él. Menciono una pirámide, porque no existe objeto tan pequeño que no sea mayor que el punto donde son recibidas en el ojo estas pirámides. Debido a eso, si desde los bordes de cada cuerpo extendemos las líneas cuando convergen, las llevaremos a un solo punto, y dichas líneas deben formar una pirámide necesariamente.

Existen tres clases de perspectiva. La primera trata de las razones de la disminución aparente de los objetos cuando se distancian del ojo; se conoce como perspectiva de la disminución. La segunda habla del modo en que los colores varían al apartarse del ojo. La tercera y última explica cómo los objetos aparecerían menos definidos cuanto más distantes estén. Se llaman de la siguiente manera: perspectiva lineal, perspectiva de color y perspectiva de desaparición.

La ciencia de la pintura trata de las formas de las superficies corpóreas y de sus colores; de los grados de disminución requeridos cuando se incrementan progresivamente las distancias y de su relativa proximidad y distancia. Esta es la ciencia de los rayos visuales, y es la madre de la perspectiva.

A su vez, la perspectiva se divide en tres partes. La primera trata únicamente del dibujo de los cuerpos de manera lineal. La segunda, de cómo disminuir el tono de los colores cuando se apartan a cierta distancia. La tercera, habla de la pérdida de claridad de los cuerpos a varias distancias. Ahora bien, la primera parte, que trata exclusivamente de las líneas y límites de los cuerpos, se llama dibujo, es decir, configuración de cualquier cuerpo. De esta procede otra ciencia que trata del sombreado y de la luz, denominada también claroscuro, que necesita una explicación pormenorizada.

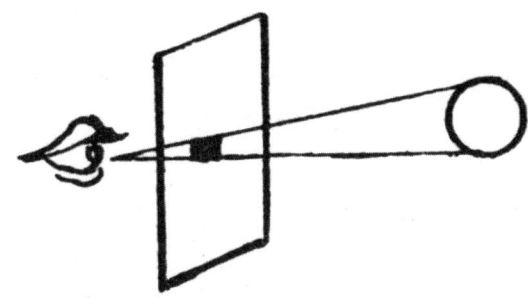

La perspectiva es solo la visión de un lugar a través de un cristal liso y totalmente transparente, sobre cuya superficie todas las cosas que están detrás de aquel quedan grabadas. Al punto del ojo llegan los objetos en forma de pirámides y, en el plano del cristal, estas se entrecortan.

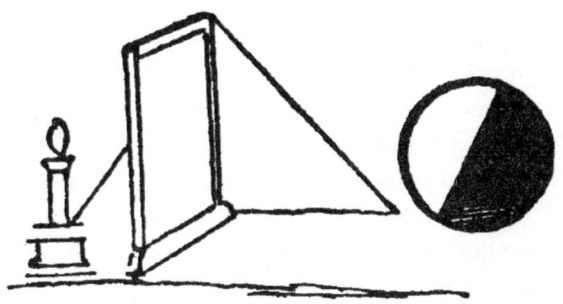

Método para dibujar de noche un objeto en relieve

Poniendo una hoja de papel no muy transparente entre un objeto y una luz podemos dibujarlo fácilmente.

Toda forma corporal que sea sensible al ojo tiene en sí tres atributos: masa, forma y color. La masa puede apreciarse a mayor distancia que la forma y el color. El color, a su vez, es discernible a mayor distancia que la forma. Esta ley no es aplicable a los cuerpos luminosos.

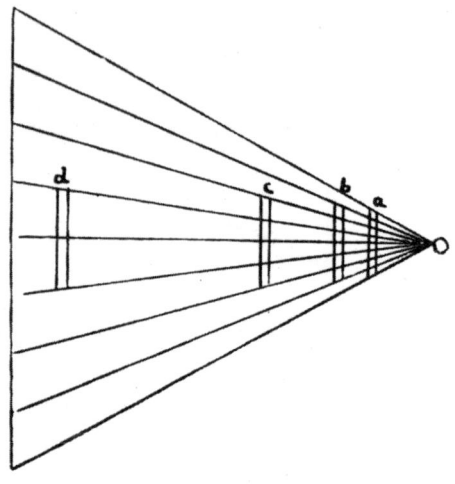

Perspectiva

Entre objetos del mismo tamaño, parecerá más pequeño el que se encuentra más distante del ojo.

Entre distintos cuerpos del mismo tamaño y tono, el más distante aparecerá más pequeño y liviano.

Entre varios cuerpos, todos igual de grandes y alejados, aparecerá al ojo más próximo y mayor el que está más iluminado.

Entre sombras de la misma densidad, aparecerán mucho menos densas las más próximas al ojo.

Aparecerá más azul un objeto oscuro cuanto más luminosa es la atmósfera entre él y el ojo, como se puede ver en el color del cielo.

Planteo este axioma: todo rayo que pasa por aire de la misma densidad corre en línea recta desde su origen hasta el lugar u objeto que toca.

El aire está repleto de líneas rectas, infinitas y radiantes entrelazadas e interferidas unas con otras, sin que ninguna ocupe el sitio de la otra. En cualquier objeto, estas líneas representan la auténtica forma de la causa que la origina.

El ambiente está lleno de infinidad de pirámides radiantes producidas por los objetos que hay en él. Con convergencia independiente, estas, sin interferencia entre ellas, se entrecruzan unas con otras y pasan por toda la atmósfera circundante.

Una línea perpendicular representa el plano vertical y nos la imaginamos colocada enfrente del punto común donde ocurre la confluencia de la pirámide. Este plano guarda igual relación con ese punto que la de un plano de cristal en el que se dibujaron los diferentes objetos observados a través de él. Los objetos dibujados de esa manera serían mucho más diminutos que los originales, debido a que el espacio entre el ojo y el cristal era más pequeño que el existente entre el cristal y los objetos.

Si el ojo está en medio de dos caballos en carrera por pistas paralelas hacia su meta, dará la impresión de que estuvieran corriendo para encontrarse entre ellos. Esto, como ya hemos comentado, sucede porque en el ojo las imágenes de los caballos que se imprimen se mueven hacia el centro de la superficie de la pupila ocular.

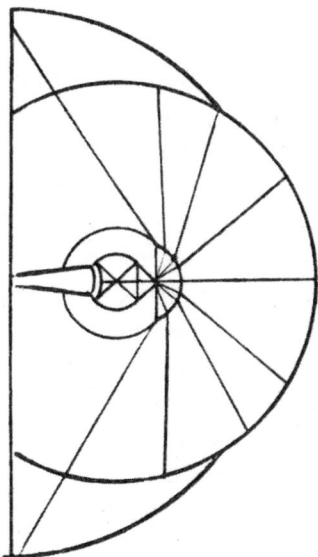

Esto mismo se puede entender muy fácilmente respecto al punto del ojo, porque si miras al ojo de alguien mirarás tu imagen en él. Ahora imagina dos líneas que se inician en tus oídos y van a los oídos de tu imagen que miras en el ojo del otro. Con claridad reconocerás que estas líneas convergen de tal forma que se hallan en un punto más allá de tu propia imagen que se refleja en el ojo.

Y si deseas medir la disminución de la pirámide en el aire que ocupa el espacio visto y el ojo, debes realizarlo según el diagrama que se traza abajo.

Imaginemos que MN es una torre y EF una vara que tienes que mover hacia atrás y hacia adelante hasta que pueda coincidir con la torre; aproxímala más al ojo a CD y podrás observar que la imagen de la torre parece más pequeña que el TO. Aproxímala más aun al ojo y podrás observar que la vara se proyecta mucho más allá de la torre... De esa manera distinguirás que tiene que converger en un punto un poco más distante, dentro de las líneas.

Únicamente una línea, de todas las que logran alcanzar el poder visual, no tiene ninguna intercepción ni dimensión sensible, debido a que es una línea matemática sin dimensión. Imaginemos que R es el punto de la pirámide que termina en el ojo, AB el plano vertical y N el punto de disminución que siempre se encuentra en una línea recta opuesta al ojo y se mueve cuando se mueve el ojo, igual que cuando se mueve una vara lo hace con su sombra y, asimismo, la sombra lo hace con su cuerpo. Cada uno de ambos puntos es la cúspide de pirámides que, en la intersección de los planos verticales, tienen bases comunes. Sin embargo, aunque son iguales sus bases, sus ángulos no lo son, porque el punto de disminución es la terminación de un ángulo más diminuto que el del ojo. Si me preguntas: ¿A través de qué experimento práctico me puedes demostrar estos puntos? Yo respondo —en lo que respecta al punto de disminución que se mueve contigo—: cuando transitas por un campo labrado, observa los surcos derechos que bajan a la senda por donde estás andando y te darás cuenta de que cada par de surcos parece como si tratara de aproximarse y, al final, encontrarse.

2. LA SUPERFICIE DE LOS OBJETOS Y SU LUZ

a) Fundamentos geométricos.

Los principios de mi obra no los debe leer nadie que no sea un matemático.

Con el punto empieza la ciencia de la pintura, después viene la línea y posteriormente, en tercer lugar, el plano. El cuerpo es el cuarto, formado de planos. La representación de los objetos procede de esa manera. Ya que, de hecho, la pintura no se extiende más allá de la superficie, y es por su superficie como el cuerpo de todo objeto visible es representado.

Aquello que no tiene centro es un punto. No posee ni profundidad, ni anchura, ni largura. Una línea es una longitud pequeña por el movimiento de un punto, y sus extremos son puntos. No posee ni profundidad ni anchura. Una superficie es una extensión que se origina por el movimiento transversal de una línea, y sus extremos son líneas. (Una superficie no posee profundidad). Cuando se habla de cuerpo, este es una cantidad formada por el movimiento lateral de una superficie, y sus límites son superficies. Un cuerpo es una longitud que posee profundidad y anchura y está formada por el movimiento lateral de su superficie.

1. El límite de un cuerpo es la superficie. 2. El límite del cuerpo no es parte de él. 3. Entonces, lo que no es parte de un cuerpo no es nada. 4. La nada es eso que no llena ningún espacio. El límite de un cuerpo está en el inicio de otro.

Una superficie que hace de límite es el inicio de otra. Los límites de dos cuerpos que tienen igual término son la superficie de uno y de otro, alternativamente, como el aire con el agua. No es parte de estos ninguna de las superficies de los cuerpos.

Es así como los límites de los cuerpos son límites de sus planos y los límites de los planos son líneas. Estas no forman parte del tamaño de los planos ni de la atmósfera circundante. Por tanto, como se prueba en Geometría, lo que no es parte de nada es invisible.

El límite de un objeto con otro es de igual naturaleza que la línea matemática, pero no de la línea trazada, debido a que el fin de un color es el inicio de otro —el límite es algo no visible—. El espacio vacío empieza donde finaliza el objeto. Donde termina el espacio vacío, empieza el objeto. Y el vacío comienza donde acaba el objeto.

El punto no posee centro, sino que él mismo es un centro y no puede existir nada más diminuto. El punto es el fin al que le es común la línea y la nada. No es ni línea ni nada, ni ocupa un espacio entre ellos, por eso, están en contacto el fin de la nada y el inicio de la línea, pero no están unidos, porque entre ellos está dividiéndolos el punto...

De esto se deduce que no constituyen la línea estos puntos imaginados y en contacto permanente y, por lo tanto, muchas líneas en contacto continuo a lo largo de sus lados no hacen una superficie, ni forman un cuerpo muchas superficies en contacto permanente. Ya que, entre nosotros, los cuerpos no se forman de elementos incorpóreos.

Una superficie común al líquido y al sólido es el contacto del líquido con el sólido. De igual forma el contacto entre un líquido más pesado y uno más liviano es una superficie común a ambos. La superficie no forma parte de ninguno de ellos; es sencillamente el límite común.

La superficie del agua no es parte de ella ni del aire tampoco... ¿Qué es, por tanto, eso que divide el aire del agua? Tiene que existir un límite común, que no es ni aire ni agua y que, no obstante, no posee sustancia... Un tercer cuerpo interpuesto entre dos cuerpos impediría su contacto, y aquí agua y aire están en contacto sin nada que se interponga entre ellos. Debido a eso están juntos y el aire no se puede mover sin el agua, ni el agua levantarse sin ser lanzada por el aire. Es por eso que una superficie es un límite común de dos cuerpos y no forma parte de ninguno de ellos. Si fuera de esa manera tendría un volumen divisible. Sin embargo, dado que la superficie es divisible, la nada separa uno del otro estos dos cuerpos.

El cilindro de un cuerpo posee forma de columna, y sus extremos opuestos son dos círculos encerrados entre líneas paralelas. Hay una línea en el centro del cilindro que pasa por el medio del grosor del cilindro, finalizando en el centro de los círculos y es llamado eje por los antiguos.

Principios

Una superficie rodea el extremo de todo cuerpo.
Infinitos puntos llenan toda una superficie.
Todo punto hace un rayo.
El rayo está hecho de infinitas y separadas líneas.
Formando pirámides, en cada punto de cualquier línea se entrecruzan líneas provenientes de los puntos sobre las superficies de los cuerpos. Líneas procedentes del todo y de las partes de los cuerpos se entrecruzan en la cúspide de cada pirámide, de tal modo que desde esta cúspide uno puede ver las partes y el todo.
Entre los cuerpos hay aire que está lleno de intersecciones, formadas por las radiantes imágenes de estos cuerpos.
Por una pirámide se trasladan de una a otra las imágenes de las figuras y sus colores.
Por medio de estos rayos, todo cuerpo llena el aire circundante con sus imágenes infinitas.

La imagen de cada punto se encuentra en el todo y en cada parte de la línea que aquella origina.

Por analogía, cada punto de un objeto tiene la capacidad de unir toda la base del otro.

Cada cuerpo se transforma en base de infinitas e incontables pirámides. La misma base sirve de origen a infinitas e incontables pirámides vueltas en diversas direcciones y de diferentes grados de longitud.

En toda pirámide su punto de confluencia contiene en sí la imagen total de su base.

La línea del centro de cada pirámide está colmada de infinitos números de otras pirámides.

Sin confundirse, una pirámide pasa por otra...

Debido a que el geómetra reduce toda área circunscrita por líneas al cuadrado y todo cuerpo al cubo, y la aritmética hace igual con las raíces cuadradas y cúbicas, ambas ciencias no se extienden más allá del estudio de las cantidades discontinuas y continuas. Consiguientemente, no tratan de la cualidad de los objetos que constituyen el ornato del mundo y la hermosura de las obras de la naturaleza.

b) Color, luz y sombra.

El de la luz, entre los distintos estudios del proceso natural, es el que causa mayor placer a quienes lo observan. Y entre las características principales de las matemáticas, la que más eleva la mente de los investigadores es la de la certidumbre de las demostraciones. Debe preferirse, por tanto, la perspectiva a todos sistemas y discursos de los sabios. El rayo de luz, en su campo, se explica por métodos de demostración en los que encontramos la gloria no únicamente de la ciencia matemática, sino de la física, adornado como está, con las flores de las dos.

A pesar de que estas proposiciones han sido expuestas ampliamente, yo las voy a resumir con demostraciones extraídas, según lo exija el tema, de la naturaleza o de las matemáticas. En unas ocasiones deduciré los efectos de las causas y en otras las causas de los efectos, agregando también a mis conclusiones algunas que no se encuentran contenidas en estas, pero que, sin embargo, se pueden deducir de ellas. Que Dios, que es la luz de la totalidad de las cosas, se digne iluminarme a mí, que hablaré de la luz.

Observen la luz y consideren su hermosura. Parpadeen y mírenla otra vez.

Lo que ahora ven, no estaba inicialmente, y ya no existe lo que estaba. ¿Si la causa originante muere continuamente, quién es el que la renueva? La sombra es la obstrucción de la luz. La luz ahuyenta las tinieblas.

Los principios científicos y auténticos de la pintura, en primer lugar determinan qué es una sombra directa, qué es un objeto sombreado, qué es proyectar sombra y qué es luz; es decir, luz, oscuridad, cuerpo, figura, color, posición, distancia, proximidad, reposo y movimiento. Todas estas cosas solo son comprendidas por la mente y no involucran una operación manual. Constituyen la ciencia de la pintura que permanece en la mente de los que la observan. La actual creación nace de ella, que es superior en dignidad a la contemplación o ciencia que la anteceden.

Las mismas reglas a la luz que al ojo se aplican en el ejercicio de la perspectiva.

La obstrucción de la luz es la sombra. Creo que las sombras son de una excepcional importancia en la perspectiva, debido a que sin ellas los cuerpos opacos y sólidos serán mal definidos. No serán bien entendidos el contenido de los diseños y los diseños mismos a no ser que aparezcan contrastando con un fondo de distinta tonalidad. Debido a eso, mi proposición inicial con respecto a las sombras es la siguiente: Toda superficie está cubierta de luz y sombra, y todo cuerpo opaco está rodeado. El primer libro lo voy a dedicar a esto.

Más aun, estas sombras son de diferentes grados de oscuridad porque la cantidad de rayos luminosos alejados de ellas es diversa. A estas las denominaré sombras primarias, debido a que son las primeras que forman una cubierta en los cuerpos a los que me estoy refiriendo. Mi segundo libro lo voy a dedicar a esto.

Ciertos rayos oscuros salen de estas sombras primarias, que se propagan por el aire y varían en intensidad, de acuerdo con la densidad de las sombras primarias de las que se derivan. Por tanto, a estas sombras las llamaré derivadas, debido a tienen su origen en otras. El tercer libro tratará de esto.

Cuando chocan contra algo, estas sombras derivadas producen efectos tan distintos como son los lugares que tocan. La materia del cuarto libro será esta.

Porque el lugar de la sombra derivada hacia otra siempre se encuentra rodeado de rayos luminosos, con estos da un salto hacia atrás, en un flujo reflejo hacia su origen, se mezcla y se transforma en él, cambiando algo así de su naturaleza. El quinto libro lo voy a dedicar a esto.

Agregaremos un sexto libro, que consistirá en una investigación de las numerosas y distintas variedades de la repercusión de los rayos reflejos, que modifican la sombra primaria a través de distintos colores en tal cantidad como son distintos estos puntos de donde provienen los rayos reflejos.

Haré un séptimo libro más adelante acerca de las distintas distancias que pueda haber entre el punto donde se origina cada rayo reflejo y el punto de donde proviene, así como acerca de las distintas sombras de color que obtiene al dar contra los cuerpos opacos.

Hay que tener en cuenta tres cosas en lo que respecta a todos los objetos visibles: La posición del ojo que observa, la del objeto observado y la posición de la luz que alumbra el objeto.

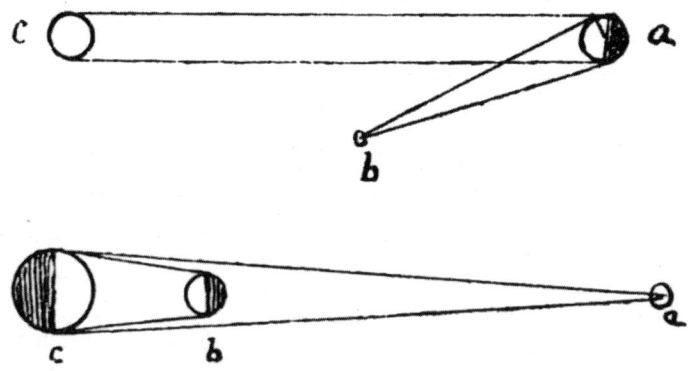

En el primer dibujo, B representa al ojo, A es el objeto observado y la luz es C.

En el segundo dibujo, A representa al ojo, B el cuerpo que alumbra, y C el objeto alumbrado.

La sombra y su naturaleza.

La sombra es parte de la naturaleza de la materia universal. Al comienzo, toda materia es más fuerte y al llegar al final se va debilitando. Cuando hablo del comienzo, me estoy refiriendo a cualquier forma o condición, ya sea invisible o visible. No es que crezca con base en pequeños comienzos hasta hacerse de gran tamaño con el tiempo, como de una pequeña bellota una encina grande, sino, al contrario, igual que una encina es más fuerte en los orígenes del tronco cuando brota de la tierra. Por tanto, la luz es el grado más débil de sombra, y la oscuridad el más fuerte. Debido a eso, los pintores deben hacer las sombras más oscuras al lado del objeto que las proyecta, haciendo que se desvanezca en la luz el final, dando la impresión de que no finaliza nunca.

La sombra es la disminución tanto de la luz como de la oscuridad, y está entre la luz y la oscuridad.

Una sombra puede ser infinitamente oscura, y también puede tener infinitos grados de falta de oscuridad.

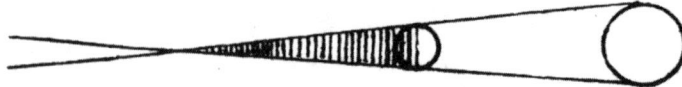

Los inicios y los extremos de una sombra se encuentran entre la luz y la oscuridad, pudiendo crecer y decrecer de manera infinita.

La sombra consiste en la disminución de luz porque interviene un cuerpo opaco y la contrapartida de los rayos luminosos que son interceptados por el cuerpo opaco.

¿Cuál es la diferencia que existe entre la luz y el brillo que aparece en la superficie pulida de los cuerpos opacos? Las luces que hay en la superficie de los cuerpos opacos van a permanecer fijas, incluso si el ojo que las observa se mueve. Sin embargo, la luz que se refleja en esos mismos objetos aparecerá en tantos sitios distintos sobre la superficie, cuantas posiciones tome.

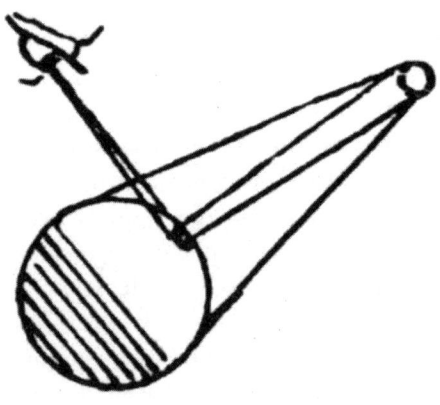

El brillo de un objeto no está obligatoriamente colocado en la mitad de la parte iluminada, sino que, al moverse el ojo que lo mira, se desplaza.

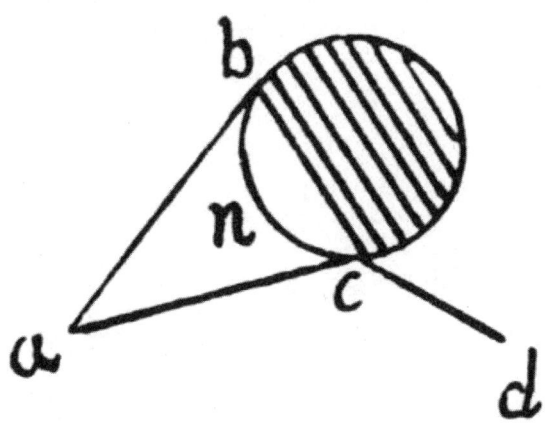

Imaginemos que el cuerpo es el objeto redondo que se representa aquí y que en el punto A está la luz. Que el ojo esté en el punto D y la parte iluminada del objeto sea BC. Yo considero que al encontrarse el brillo en todos lados y en cada uno de ellos, si te colocas en el punto D, el brillo va a aparecer en el C y el brillo se moverá de C a N, porque el ojo se mueve de D a A.

Diferencia entre la luz y el brillo.

El brillo no posee color, pero causa una sensación de blancura procedente de la superficie de los cuerpos húmedos. La luz es parte de los colores del objeto que la refleja.

Nada más un solo cuerpo luminoso origina un relieve más intenso en el objeto que una luz difusa, como se puede observar comparando una zona de un paisaje que el sol ilumina y otro sombreado por las nubes e iluminado únicamente por la luz difusa del ambiente.

En un objeto con luz y sombra, el lado que da a la luz transmite las imágenes de sus detalles de manera más distinta e inmediatamente al ojo que en el lado que se encuentra en la sombra.
Cuanto más brillante es la luz de objeto iluminado, más profundas son las sombras que proyecta el cuerpo luminoso.

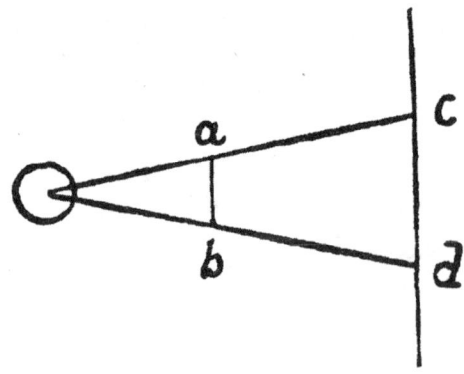

Si como lo demuestra la experiencia, los rayos de luz provienen de un punto único y se difunden alrededor de este círculo,
diseminados por el aire y radiantes, mayor es la extensión cuanto
más distantes se encuentran de él.

La sombra de un objeto situado entre una pared y una luz
es siempre más grande que su imagen, debido a que los rayos,
mientras llegan a la pared, se esparcen.

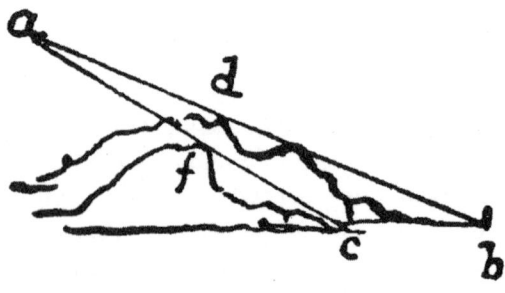

Se debe determinar también de qué forma son proyectadas las sombras por los objetos. Si el objeto es el monte aquí representado y la luz se encuentra en el punto A, asevero que no habrá más luz desde BD y CF que la que se deriva de los rayos reflejados. Esto es debido a que los rayos de luz únicamente pueden actuar en líneas rectas, e igual los rayos reflejados o secundarios.

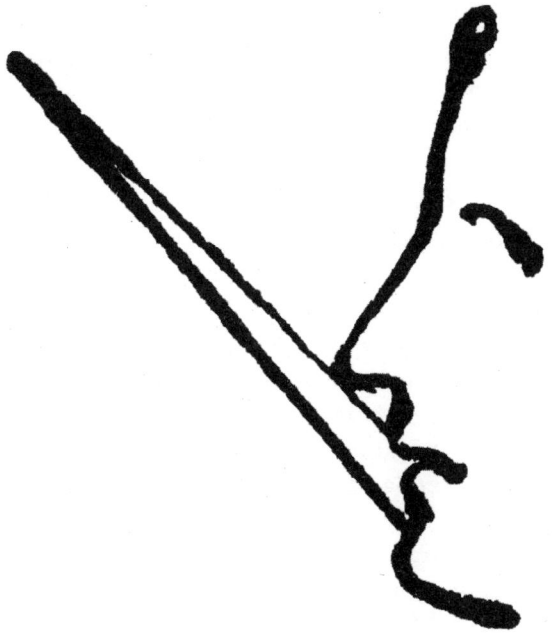

La sombra, en este caso, debería caer sobre la cara

Hallamos un encanto especial de luz y sombra en las caras de los que se encuentran sentados a las puertas de casas oscuras. El ojo del espectador observa el lado del rostro que se encuentra en la sombra perdida en la oscuridad de la casa, y el lado del rostro que está iluminado obtiene su brillo del esplendor del cielo. El rostro gana enormemente en relieve y en belleza de esta intensificación de luz y sombra, mostrando en el lado iluminado las sombras más sutiles y en el lado oscuro, las luces más sutiles.

De cuatro clases son las luces que iluminan cuerpos opacos: Universal, igual que la atmósfera de nuestro horizonte; particular, como la del sol, o de una puerta, ventana u otro espacio; la luz reflejada es la tercera clase; y existe una cuarta clase, que pasa por sustancias semitransparentes en un cierto grado, como el lino, papel o cosas parecidas, pero no cuando pasa por esas otras sustancias transparentes, como el cristal u otros cuerpos transparentes, donde es el mismo el efecto que si no se interpusiera nada entre la luz y el cuerpo.

De los tres tipos de luces que iluminan cuerpos opacos.

Recibe el nombre de particular la primera de las luces con que los cuerpos opacos son iluminados, y es la luz de una llama o del sol en una ventana. La segunda se denomina universal, y se observa cuando el tiempo está nublado, con niebla o algo similar. La luz mortecina es la tercera, y es cuando el sol está completamente en la parte baja del horizonte cuando amanece o cuando cae la tarde.

El ambiente está adaptado para recoger de manera instantánea y exponer la imagen y semejanza de todo cuerpo. Al aparecer el sol aparece en el horizonte oriental impregna inmediatamente todo nuestro hemisferio llenándolo con su aspecto luminoso.

Las superficies de los cuerpos sólidos, todas, que miran al sol o hacia la atmósfera iluminada por ese sol, se revisten de la atmósfera o de la luz solar.

Todo cuerpo sólido se encuentra rodeado y revestido de oscuridad y luz. Únicamente se obtendrá una percepción muy pobre de los detalles de un cuerpo cuando el lado que se observa está todo iluminado o todo entre sombras.

El aumento de la parte iluminada y la disminución de la parte sombreada están determinados por la distancia entre el ojo y los cuerpos.

No se puede percibir con exactitud la forma de un cuerpo cuando está circunscrita por un color similar a él, y el ojo se encuentra entre el lado iluminado y el que se encuentra en la sombra.

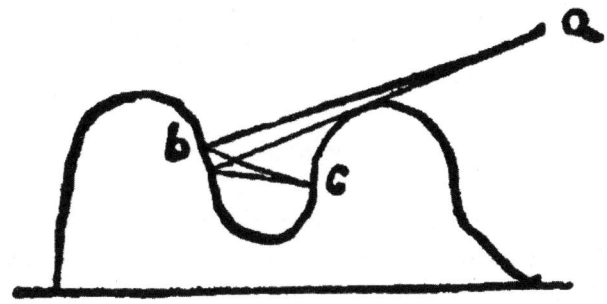

¿Qué lado de una superficie coloreada será el más intenso? Si A es la luz y B lo iluminado en línea directa por ella, entonces C, adonde la luz no puede alcanzar, es luz por reflexión de B, que es roja, por ejemplo. En este caso, la luz reflejada desde esta superficie roja va a teñir de rojo a la superficie en C. Y si también C es roja, va a aparecer mucho más intensa que B.

Y de ser amarilla se podría observar un color entre amarillo y rojo.

La superficie de un objeto interviene del color de la luz que la ilumina y del color del aire interpuesto entre el objeto y el ojo, es decir, del color del medio transparente que se interpone entre el ojo y el objeto.

Los colores observados en la sombra revelarán más o menos su hermosura natural, según se encuentren en una sombra más densa o más difusa. Sin embargo, los colores contemplados en un espacio luminoso mostrarán una belleza mayor, según sea más intensa la luz.

Los colores percibidos en la sombra revelarán tanto menor variedad cuanto más densa sean las sombras en que están. Mirando desde un espacio abierto por las puertas de iglesias oscuras tendremos la experiencia de esto, porque allí los cuadros pintados de diferentes colores aparecerán todos cubiertos por la oscuridad. De aquí que a una considerable distancia, todas las sombras de distintos colores van a aparecer con la misma oscuridad. En un objeto entre sombra y luz, el lado iluminado mostrará su auténtico color.

De los contrastes y su naturaleza.

Los trajes negros hacen que las personas que los visten se vean más blancas de lo que realmente son. Los trajes blancos hacen que las facciones se tiñan de oscuro, los rojos hacen que parezcan pálidas, mientras que los amarillos les dan igual color.

De la yuxtaposición de un color cercano a otro, de tal forma que uno hace que el otro resalte.

Si deseamos que la cercanía de un color haga que otro que raya con él sea atractivo, sigamos la norma que se puede observar en los rayos del sol que constituyen el arcoíris. El movimiento de la lluvia produce sus colores, debido a que cada pequeña gota se transforma en el recorrido de su descenso en cada uno de los colores de aquel.

De los colores secundarios originados por la mezcla de otros.

Son seis los colores simples, de los cuales, el primero es el blanco, a pesar de que algunos filósofos no aceptan en el conjunto de los colores el blanco ni el negro, debido a que uno es el origen de los colores y el otro la ausencia de los mismos. No obstante, los incluimos en su número, porque los pintores no pueden trabajar sin ellos. Y aseguramos que en este orden, que el primero de los colores simples es el blanco, el segundo es el amarillo, el tercero es el verde, el cuarto es el azul, el quinto es el rojo y el sexto es el negro.

El blanco lo reservaremos para la luz, sin la que no podemos ver ningún color, para el agua el verde, para la tierra el amarillo, para el aire el azul, para el fuego el rojo y el negro para la oscuridad, que está por encima del fuego, ya que no existe allí ninguna materia con densidad que penetren los rayos del sol y, por tanto, iluminen.

Si deseamos ver rápidamente todas las variedades de los colores compuestos, observemos todos los colores del campo por cristales de color. De esa manera contemplaremos que los colores observados a través del cristal se combinan con el color de aquel, y que algunos se vuelven más débiles o más fuertes, gracias a la mezcla. Si el cristal es amarillo, por ejemplo, las imágenes visuales de los objetos que pasan a través de aquel color al ojo pueden igual deteriorarse que perfeccionarse. Los colores negro, blanco y azul se deteriorarán, y los colores verde y amarillo se perfeccionarán más que los demás. Las mezclas de colores, que son infinitas en número, se podrán examinar con el ojo y, de este modo, realizar una selección de colores mezclados y compuestos para una combinación nueva. Igual se puede hacer con dos cristales de colores distintos, situándolos ante el ojo, y así sucesivamente uno mismo puedo seguir con el experimento.

Hablaremos del arcoíris en el último libro sobre pintura, pero antes es conveniente escribir con respecto a los colores producidos por la mezcla de unos con otros, de tal forma que podamos probar el origen de los del arcoíris por esos colores.

Los objetos que no tienen color propio se colorean de forma total o parcial por el color opuesto a él. Esto se puede asegurar de todo objeto que sirve de espejo y se pinta con el color que en él se refleja. Si el objeto es blanco, va a aparecer rojo el lado iluminado de rojo. Igual ocurre con cualquier otro color que sea oscuro o claro.

Como ocurre con una pared blanca, todo objeto incoloro u opaco participa del color del objeto opuesto a él.

Toda superficie opaca y blanca estará coloreada parcialmente por los reflejos de los objetos que la circundan.

A pesar de que el blanco no es un color, es no obstante, capaz de transformarse en recipiente de todo color. Debido a esto, cuando un objeto blanco aparece al aire libre, son azules todas sus formas... y el lado que está expuesto al sol y al ambiente asume el color del sol y del ambiente; al contrario, el lado que no recibe el sol permanece en la sombra y participa únicamente del color del ambiente. Si el objeto blanco no reflejó, hasta el final del horizonte, los campos verdes ni estuvo frente a su resplandor, aparecerá del mismo color que el ambiente.

De los colores que tienen la misma blancura, parecerá más deslumbrante aquel que posee un fondo más oscuro, y el negro, cuando tiene un fondo de mayor blancura, parecerá ser más intenso. Igualmente, cuando se encuentre contra un fondo amarillo, el rojo parecerá más vivo. Igual ocurrirá con todos los colores cuando se contraponen a los que muestran contrastes más fuertes.

*Los cuerpos blancos y la forma en que
deben ser representados.*

Si deseamos representar un cuerpo blanco, tratemos de que se encuentre rodeado de un espacio muy amplio, porque, al no poseer el color blanco por sí mismo, queda en cierto grado matizado y alterado por el color de los objetos que tiene alrededor. Si en medio de un paisaje observamos una mujer con un traje blanco, el lado que se encuentra hacia el sol posee un color brillante en tan alto grado, que deslumbrará los ojos en algunas zonas, igual que lo hace el sol. La parte que se encuentra hacia la atmósfera —luminosa por encontrarse impregnada de los rayos del sol— al ser esta azul, aparecerá con un tinte azulado el lado de la silueta femenina. Si la superficie alrededor de ella es un prado y ella se encuentra de pie entre un campo iluminado por el sol y el mismo sol, observaremos cada parte de los pliegues que se encuentran en dirección a los prados, matizados por los rayos reflejos del color de ese prado. De esa manera, lo blanco se transforma en los colores de los objetos luminosos y no luminosos que están a su alrededor.

Cualquier cuerpo que se moviliza con rapidez da la impresión de que tiñe sus partes con las impresiones de su color. Por experiencia se puede probar esta proposición. Al moverse el rayo entre nubes oscuras, todo su recorrido se parece a una víbora luminosa durante su vuelo sinuoso y veloz. En un grado similar, si movilizamos un tizón encendido, todo su curso va a parecer un círculo de llama. Esto es motivado a que el órgano de la percepción actúa con más rapidez que la mente.

El pintor puede sugerir al que observa sus cuadros varias distancias cambiando el color producido por la atmósfera que se interpone entre el ojo y el objeto. Puede dibujar nieblas en las que podemos distinguir las formas de los objetos con mucha dificultad; lluvia con montañas cubiertas de valles y nubes en perspectiva; nubes de polvo que se aglomeran por encima de los combatientes; arroyos de diversa transparencia con peces que juegan entre la superficie del agua y el fondo; guijarros pulidos de numerosos colores que están depositados en la arena limpia del cauce del río, rodeados de plantas verdes que aparecen en la superficie del agua. Asimismo, representará las estrellas colocadas por encima de nosotros a distintas alturas.

Perspectiva aérea

Existe otro tipo de perspectiva que yo llamo aérea, porque a través de la diferenciación atmosférica, uno logra diferenciar las diversas distancias de distintos edificios que aparecen situados en una sola línea; cuando miramos, por ejemplo, varios edificios más allá de una pared y todos se ven como por encima de ella, parecen de igual tamaño. Si al dibujarlos deseamos representarlos uno más lejano que otro, tenemos que hacer un poco densa la atmósfera. Sabemos que en una atmósfera de la misma densidad los objetos más distantes que se distinguen a través de ella, como montes, debido a la enorme cantidad de atmósfera que hay entre el ojo y ellos, aparecerán azules y casi de igual color que la atmósfera cuando el sol se encuentra en el este. Por tanto, tendríamos que hacer el edificio más próximo encima de la pared y de color natural, y los más alejados, azules y menos definidos...

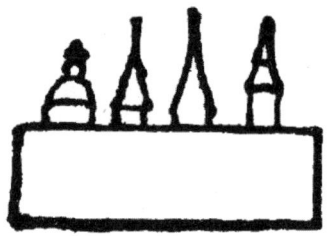

En cuanto a la densidad del humo bajo el horizonte, esta es blanca y la de arriba, oscura. A pesar de que este humo es de por sí de un color uniforme, esta uniformidad se presenta algo distinta, debido a la diferencia del espacio en que está.

De los árboles y sus luces.

El más práctico y mejor método para representar paisajes campestres o escenas con árboles es cogerlos cuando el sol se

encuentra oculto en el cielo, de tal forma que los campos reci-
ban una luz difusa y no la luz directa, que hace más definidas las
sombras y muy diferentes de las luces.

De los colores accidentales de los árboles.

La sombra, luz, brillo y trasparencia son los cuatro colores
accidentales de las hojas de los árboles.

Los lados accidentales de las hojas de las plantas se transformarán a gran distancia en una combinación, en la cual el color
del lado más extenso va a predominar.

En el buen tiempo, los paisajes tienen un azul más hermoso
con el sol de mediodía que a cualquier otra hora del día, debido
a que el aire no tiene humedad. Al observarlos en estas condiciones, miramos los árboles de un verde bonito en sus extremos
y, en el centro, con oscuras sombras. A mayor distancia, la atmósfera que se interpone entre nosotros y los paisajes parece más
bella cuando al fondo hay algo oscuro; igualmente, el azul es
más hermoso.

Si observamos los objetos desde el lado por donde les da el sol,
sus sombras no aparecerán, pero si nos colocamos más abajo que
el sol, en el lado posterior de los objetos, lograremos ver lo
que no aparece a la luz del sol y se queda a la sombra.

Las hojas de los árboles que se encuentran entre el sol y nosotros tienen tres colores primordiales: Un verde muy hermoso y
brillante que es útil como espejo para la atmósfera, que alumbra
los objetos a los que no da el sol; las partes en la sombra que
únicamente miran a la tierra, y además esas partes más oscuras
que se encuentran rodeadas por algo más que oscuridad. Los
árboles en un paisaje colocado entre el sol y nosotros son mucho
más bellos que cuando estamos colocados entre el sol y ellos.
Esto es debido a que los que se encuentran en la dirección del
sol presentan sus hojas transparentes en sus extremos y apare-

cen brillantes los lados que no son transparentes como los de las puntas; igualmente, sus sombras son oscuras porque no están cubiertas por nada. Al situarnos entre los árboles y el sol, estos despliegan solamente su luz y color natural, que en sí no es demasiado fuerte, y además, algunas luces reflejas, que casi no son visibles por no encontrarse contra un fondo que ofrezca a su brillo mucho contraste. Si nos situamos más bajos que ellos, esos lados se pueden hacer visibles al no estar expuestas al sol, pero se observarán oscuras.

En el viento

Si nos situamos en el lado en que sopla el viento, observaremos que los árboles parecen mucho más luminosos que si los miráramos desde otros lados. Esto es debido al hecho de que el viento vuelve el reverso de las hojas hacia arriba, que en todos los árboles es mucho más blanco que la parte superior; serán particularmente luminosos si el viento sopla del lado del sol encontrándonos nosotros vueltos de espalda a él.

Ahora describamos los paisajes con agua y viento a la salida y a la puesta del sol. Las hojas que cuelgan hacia la tierra cuando se doblan las pequeñas ramas, se enderezan con la corriente de los aires. De este modo su perspectiva se invierte, porque si el árbol se encuentra entre nosotros y el lado de donde proviene el viento, las puntas de las hojas que miran hacia nosotros retoman su posición natural, mientras que las del lado contrario, que deberían tener sus puntas en dirección opuesta, se dirigen hacia nosotros cuando se giran. Los árboles del paisaje no destacan con claridad uno del otro, porque sus lados iluminados colindan con los lados iluminados de los que se encuentran más allá, y de esta forma existe poca diferencia de luces y sombras.

Al aparecer las nubes entre el ojo y el sol, sus masas redondas son oscuras en el centro y luminosas en los bordes. Esto ocurre, porque hacia el lado superior, los bordes son iluminados por el sol desde arriba, al tiempo que nosotros los observamos desde abajo. Igual ocurre con la posición de las ramas de los árboles. Las nubes, igual que los árboles, al ser un poco transparentes, son parcialmente brillantes, y en los bordes aparecen más tenues.

Al encontrarse el ojo entre el sol y la nube, la apariencia de la nube es todo lo opuesto de lo que era anteriormente, debido a que son oscuros los bordes de su masa redonda, y la luz se encuentra en el centro. Esto ocurre porque observamos el mismo lado que aparece ante el sol y porque los bordes tienen algo de transparencia, revelando de esa manera al ojo el lado que se encuentra oculto detrás de ellos. La que no es alcanzada por la luz solar, igual que la parte vuelta hacia el sol, es necesariamente algo más oscura. Igualmente, suele ocurrir que al mirar nosotros desde abajo los detalles de las nubes, y ser iluminados estos desde arriba, al no estar colocados como para reflejar la luz del sol, como en el primer ejemplo, permanecen oscuros.

Las nubes negras, que frecuentemente se encuentran colocadas a mayor altura que las que son brillantes e iluminadas por el sol, permanecen en la sombra, debido a que otras nubes se interponen entre el sol y ellas.

Las formas redondas de las nubes que están frente al sol revelan sus bordes oscuros, debido a que poseen un trasfondo brillante. Para darnos cuenta hasta qué punto esto es cierto, debemos mirar el saliente del conjunto de la nube que se destaca en el azul de la atmósfera, que es más oscura que ella.

Los colores que están en el centro del arcoíris se combinan entre ellos. El arco, de suyo, no se encuentra en la lluvia, ni en el ojo que lo observa, a pesar de que es producido por el sol, el ojo y la lluvia. Siempre el arcoíris es percibido por el ojo que está entre el sol y la lluvia. Por ende, si el sol se encuentra en el este y la lluvia en el oeste, el arco aparecerá por el oeste en la lluvia.

En las horas iniciales del día, la atmósfera, en la parte sur próxima al horizonte, posee una vaga niebla de nubes matizadas de color rosáceo. Se vuelve más oscura hacia el oeste, y hacia el este el vapor húmedo del horizonte se observa más brillante que el mismo horizonte. Es apenas discernible la blancura de las casas al este, al tiempo que al sur, cuanto más alejadas están, van adquiriendo un color más rosáceo y oscuro, y en el oeste mucho más. Con las sombras ocurre todo lo contrario, ya que estas ante la blancura desaparecen...

Si cogemos una luz y la colocamos en un farol teñido de verde u otro color transparente, veremos por la vía del experimento que todos los objetos así iluminados toman el color del farol.

Podemos observar también cómo la luz que penetra por las vidrieras multicolores de las iglesias toma el color de aquellas. Y si esto no es bastante para convencernos, miramos el sol poniente cuando aparece rojo por el vapor y colorea de rojo todas las nubes que reflejan su luz.

3. La vida y estructura de las cosas

Esta obra debe empezar con la concepción del hombre, describiendo la naturaleza del útero, cómo el feto habita en él, cuánto tiempo está allí y cómo se alimenta y da las primeras señales de vida. Igualmente, cómo crece y qué intervalo hay entre un estadio del desarrollo y otro; qué es lo que le obliga a dejar el cuerpo de la madre y por qué motivo, en algunas ocasiones, sale antes de tiempo del seno materno.

Posteriormente voy a describir qué extremidades, una vez que la criatura nace, crecen más que otras y estableceré las proporciones de un niño de un año.

También voy a describir el crecimiento completo del hombre y la mujer, la naturaleza de su contextura, sus proporciones, fisiología y color; cómo se componen de músculos, huesos, tendones y venas. Presentaré en cuatro dibujos cuatro condiciones universales del hombre, esto es: La alegría con diversas maneras de risa y cuál es el origen de la risa; el llanto en sus causas y sus diferentes aspectos; la lucha con sus varias maneras de asesinar: miedo, arrebato, ferocidad, asesinato y todo lo referente a este campo; el trabajo con esas acciones de empujar, transportar, parar, tirar, sostener y cosas similares.

Después desearía describir actitudes y movimientos. Igualmente, la perspectiva en relación con la función del ojo y del oído —aquí voy a hablar de la música y trataré de los demás sentidos—. Finalmente voy a describir la naturaleza de los cinco sentidos, mostrando con dibujos este mecanismo del hombre.

a) Proporción.

La geometría es infinita, debido a que toda cantidad continua, en una dirección o en otra, se puede dividir hasta el infinito. Al contrario, la cantidad discontinua empieza en la unidad y se incrementa hasta el infinito. Se ha afirmado que la cantidad continua aumenta hasta el infinito y se reduce hasta el infinito. Cada parte del todo se debe encontrar en proporción al todo. Y a todos los animales y plantas se les puede aplicar el mismo principio.

La armonía de proporciones surge de la pintura que sirve al ojo, el sentido más noble, así como muchas voces distintas al cantar al mismo tiempo producen una proporción armónica que da tal complacencia al sentido del oído, que los que escuchan quedan llenos de encanto y admiración como si estuviesen casi muertos. Sin embargo, el efecto de la hermosa proporción de un rostro angelical es mucho mayor, debido a que estas proporciones causan una armonía tal, que de manera simultánea llega al ojo, justamente igual que una cuerda musical afecta al oído. Y si esta hermosa armonía le llega al amante por el encanto de la pintura de su amada, indudablemente que él quedará deslumbrado, y con un deleite sin igual, superior a todas las emociones.

En sus armónicas proporciones, el pintor hace reaccionar de forma simultánea las partes componentes de tal modo, que se pueden contemplar a la vez juntas y separadas. Juntas, mirando el diseño de la composición como un todo, y por separado, mirando el diseño de las partes que la componen.

El arquitecto Vitrubio dice en su obra de arquitectura que las medidas del cuerpo del hombre se encuentran distribuidas por la naturaleza de la siguiente forma: Un palmo está hecho por cuatro dedos; un pie está hecho por cuatro palmos; un codo está hecho por seis palmos; cuatro codos hacen la altura de un ser humano; cuatro codos hacen un paso, y un hombre está hecho por veinticuatro palmos. Él usó estas medidas en los edificios.

Entonces, si abrimos las piernas hasta reducir la altura en un cuarto, y extendemos los brazos, alzándolos de tal manera que los dedos medios se encuentren al nivel de la parte superior de la cabeza, tenemos que saber que el ombligo será el centro de un círculo del que las extremidades extendidas tocan su circunferencia. Igualmente, el espacio entre las piernas va a formar un triángulo equilátero.

El espacio que hay entre los brazos extendidos de un hombre es igual a su estatura.

La distancia que existe desde las raíces del cabello hasta el fondo del mentón es la décima parte de la altura de un ser humano; la que existe desde el fondo del mentón a la coronilla de la cabeza es la octava parte de la altura de una persona; la que existe desde la parte superior del pecho a la coronilla de la cabeza es la sexta parte del individuo; la que existe desde la parte superior del pecho a las raíces del cabello es la séptima parte de toda la estatura; la que hay desde los pezones hasta la coronilla de la cabeza es la cuarta parte del individuo. La cuarta parte de la altura es el máximo de anchura de las espaldas. La quinta parte del hombre es la distancia desde el codo hasta la punta del dedo medio; la octava parte es la que existe desde el codo hasta el final de las espaldas. La décima parte es la mano completa. El pene empieza en el centro del hombre. El pie es la séptima parte del hombre. La cuarta parte del hombre es la distancia que existe desde la planta del pie hasta debajo de la rodilla; la cuarta parte del hombre es la que hay desde la base de la rodilla hasta donde comienza el pene.

La distancia que existe entre la nariz y el mentón y la que hay entre las cejas y el inicio del cabello es igual a la altura del oído, y es la tercera parte del rostro.

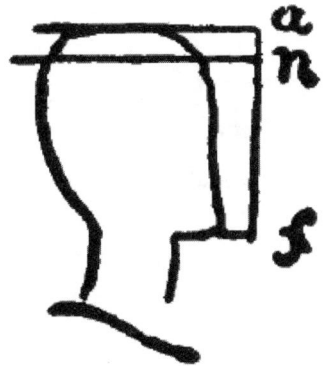

La cabeza AF es 1/6 mayor que NF.

El largo del pie, desde donde se encuentra inserto a la pierna hasta la extremo del dedo gordo, es igual a la que existe entre la parte superior del mentón y las raíces del cabello AB, e igual a los 5/6 de la cara.

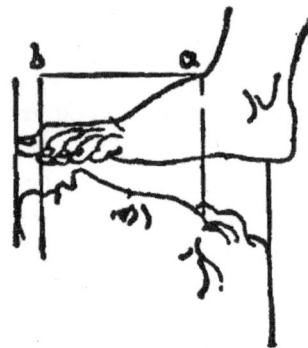

Para cada individuo, respectivamente, la distancia AB es igual a CD.

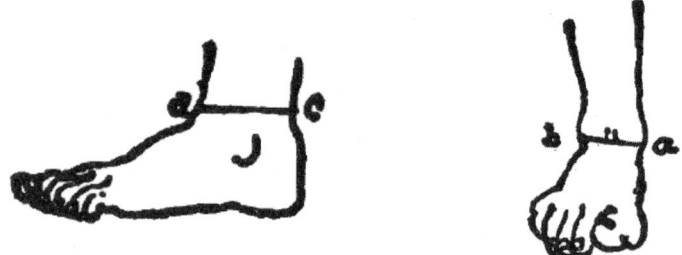

El largo del pie desde el final de los dedos al talón es dos veces más pequeño que el que hay desde el talón hasta la rodilla, o sea, donde se une el hueso de la pierna con el hueso del muslo.

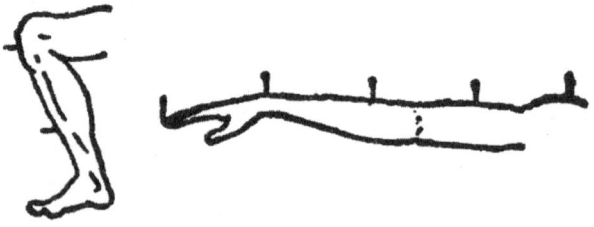

El largo entre la mano y la muñeca es cuatro veces más pequeño que la distancia entre la articulación de las espaldas y la punta del dedo más largo.

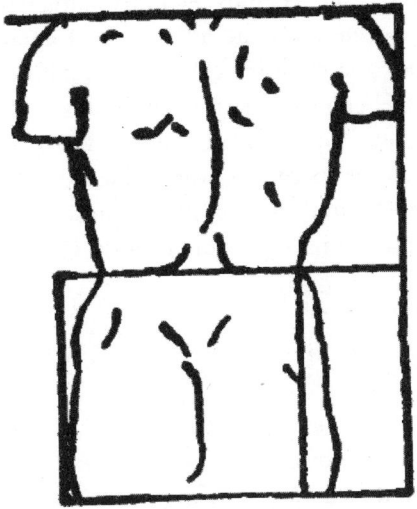

A través de las caderas, el ancho de un hombre es equivalente a la distancia desde la porción superior de la cadera a la porción inferior de la nalga, cuando se encuentra parado balanceándose por igual sobre ambas piernas, y existe igual distancia desde la parte superior de la cabeza hasta la axila. La parte más estrecha arriba de las caderas, la cintura, se encuentra entre las axilas y la parte inferior de la nalga, justamente a mitad de camino.

A la edad de tres años, todo ser humano posee la mitad de la altura total que finalmente lograra alcanzar.

Es muy distinto el largo de las articulaciones de los hombres y el de los muchachos. La distancia en el hombre desde la articulación del hombro a la del codo, desde la del codo a la del dedo pulgar y la de un hombro hasta la del otro, en cada caso es igual a la de dos cabezas. Por el contrario, en el muchacho la distancia entre esas partes es igual a una cabeza. La causa de esto se encuentra en que la naturaleza, antes de formar para nosotros el espacio para los elementos vitales, forma el lugar de tamaño adecuado para residencia de intelecto.

No olvidemos que debemos ser sumamente cuidadosos al representar las extremidades de las figuras. Tienen que aparecer proporcionados a la medida del cuerpo y estar en concordancia con la edad. Debemos tener en cuenta que un muchacho tiene extremidades no demasiado musculares, venas poco fuertes, el rostro redondo, de un color tierno y delicado. Al contrario, en el hombre las extremidades son musculares y robustas, y en los viejos, las venas son muy pronunciadas, y el rostro es arrugado y áspero.

b) El cuerpo: Su anatomía y movimiento.

Tendrían mucha razón los que comentan que es preferible presenciar una demostración anatómica que mirar mis dibujos de la anatomía del cuerpo, si fuera posible observar en una sola figura todos los detalles de estos dibujos. Sin embargo, a pesar de su inteligencia, solo serían capaces de conocer en una figura algunas venas, mientras que yo he anatomizado más de diez cuerpos humanos para adquirir un completo conocimiento de ellas. Para esto, he ido rompiendo los distintos miembros, quitando las más minúsculas partículas de carne que rodeaban las venas, sin provocar ningún derrame de sangre, aparte de una hemorragia imperceptible de las venas capilares. Y como no fue suficiente un solo cuerpo, fue necesario seguir por partes con otros muchos cuerpos para conseguir un conocimiento más completo, repitiendo esto en dos ocasiones para descubrir las diferencias.

A pesar de que nos deberían gustar estas cosas, tal vez podemos sentir una natural repugnancia y, de no prevenirlo, nos podemos sentir asaltados por el temor de pasar las horas de la noche acompañados por estos cadáveres de apariencia espantosa y descuartizados. Si esto no nos aterroriza, probablemente sintamos carencia de destreza para el dibujo, fundamental para ese tipo de representación. Y si tenemos destreza para el dibujo, quizá no vaya unida al conocimiento de la perspectiva. Y si van combinadas las dos cosas, podemos no comprender el método de calcular la fuerza de los músculos y los métodos de la demostración geométrica. O tal vez nos asalte la impaciencia que imposibilite el que seamos diligentes.

En referencia a si en mí se encuentran o no las cosas dichas, los cientos veinte libros que he escrito darán el veredicto de "Sí" o "No". Ni la negligencia ni la avaricia han obstaculizado esos libros, sino únicamente el tiempo. Hasta luego.

De la necesidad que tiene el pintor de conocer la estructura interna del ser humano.

El pintor que conoce la naturaleza de los músculos, tendones y nervios, conocerá perfectamente el movimiento de una extremidad, cuántos y qué nervios son causa de aquel, qué músculo es el motivo de la contracción de un nervio por hinchazón, y qué nervios expandidos por el más fino cartílago sostienen y acompañan dicho músculo. De este modo podrá indicar de muchas formas los diferentes músculos a través de las distintas actitudes de sus figuras. No hará como muchos, que, pese a la variedad de movimientos, representan las mismas cosas en los brazos, las piernas, la espalda y el pecho. Estos fallos jamás se deben considerar como pequeñas faltas.

Siguiendo el mismo plan que adoptó Tolomeo en su cosmografía, se mostrará el microcosmos en quince figuras. Estas figuras las voy a dividir en miembros igual que él dividió el macrocosmos en provincias, y voy a definir las funciones de las partes en todas sus direcciones, colocando ante sus ojos la representación de toda la figura humana y su capacidad de movimiento a través de sus partes. Ojalá el Creador me conceda ser capaz de demostrar la naturaleza del hombre y sus costumbres del mismo modo que describir su figura.

Para estar seguros del origen de cada músculo, no olvidemos estirar el tendón producido por el músculo, de tal forma que se observe mover el músculo y su empalme con el ligamento de los huesos. No haremos más que cometer una equivocación al momento de mostrar los músculos y sus posiciones, términos y orígenes, a no ser que hagamos una demostración, a manera de hilos, con los músculos finos. De este modo, los podremos representar uno sobre el otro como la naturaleza los ha situado. Los podemos nombrar de acuerdo a la extremidad a la que sirven, como, por ejemplo, el motor de la punta del dedo gordo, del pie, del hueso primero, de su hueso medio, etcétera. Después que hayamos dado esta información, podremos inducir la auténtica forma y posición de cada músculo, recordando para ello colocar los filamentos que señalan los músculos en las mismas posiciones de la línea central de cada músculo. Estos filamentos indicarán la forma de la pierna, su distancia en un plano y su clara forma.

Interior de la mano.

Cuando comencemos a estudiar el interior de la mano, primero separemos un poco los huesos uno de otro para que rápidamente podamos reconocer la auténtica forma de cada hueso de la palma de la mano y la posición y número de cada dedo. Cerremos de forma longitudinal un poco para ver cuál se encuentra vacío, cuál lleno, y después de hacer esto, coloquemos los huesos junto a las articulaciones unidas y representemos bien abierta toda la mano por dentro. La próxima demostración debería ser de los músculos que están alrededor de la muñeca y del resto de la mano. La quinta deberá estar representada por los tendones que mueven las primeras articulaciones de los dedos. Los tendones que mueven las segundas articulaciones de los dedos serían la sexta. Los que mueven las terceras articulaciones de los dedos, la séptima. Los nervios que les dan el sentido del tacto estarán representados por la octava. La novena, las arterias y las venas. La décima revelará la mano con la piel y sus medidas. Tendrían que tomarse también las medidas de los huesos. Cualquier cosa que hagamos por este lado de la mano, tendremos que hacerlo por los demás lados, es decir, por el dorsal, el palmar y por los lados del flexor y extensor de los muslos. De esa manera, en el capítulo que habla sobre la mano haremos cuarenta demostraciones y tendríamos que hacer lo mismo con cada extremidad. Es de esa manera como obtendremos un conocimiento perfecto. Posteriormente tendríamos que hablar de las manos de cada uno de los animales para ver en qué se diferencian. Por ejemplo, en el oso los ligamentos de los tendones de los dedos gordos del pie están adheridos arriba del tobillo.

Las cuatro fuerzas elementales en las que todas las acciones visibles de los mortales tienen su inicio y su final son peso, fuerza y moción de los cuerpos y percusión.

Posterior a cada demostración de todas las partes de las extremidades del ser humano y de otros animales, representaremos la manera propia de actuar de estas extremidades; esto es, la acción de ponerse en pie cuando están tumbados, de correr, de moverse, de saltar en distintas posturas, de lanzar objetos a distancia, de nadar de subir y transportar pesos. Demostraremos en cada acción qué extremidades y qué músculos la ejecutan. Y especialmente trataremos del juego de los brazos.

En lo que respecta a la disposición de las extremidades en movimiento, tendremos que considerar que cuando deseemos representar un ser humano que por algún motivo tiene que moverse a un lado o hacia atrás, no tenemos que hacerle mover los pies ni los extremidades hacia el lado que gira la cabeza; más bien tenemos que intentar que la acción proceda progresivamente por medio de las distintas articulaciones; es decir, las del cuello, las de la cadera, las de la rodilla y las del pie. Si le ponemos apoyado sobre la pierna derecha, tenemos que hacer que se doble su rodilla izquierda y su pie izquierdo se levante levemente por fuera; que la espalda izquierda se encuentre un poco más baja que la derecha y la nuca esté en una línea directa arriba del tobillo externo del pie izquierdo; la espalda izquierda se encontrará en línea perpendicular arriba de las puntas del pie derecho. Y siempre hay que poner las figuras de tal modo que el lado hacia el que gira la cabeza no sea el lado al que da el pecho, ya que, para nuestra comodidad, la naturaleza nos ha provisto de un cuello que se dobla en varias direcciones, igual que el ojo se vuelve a diferentes puntos y las demás articulaciones son obedientes a ella en parte.

La gracia de las extremidades.

Las extremidades deben estar adaptadas al cuerpo con gracia y, por tanto, con el efecto que queremos que produzca la figura. Si deseamos presentar una figura que aparezca graciosa y ligera, tenemos que hacer las extremidades extendidas y elegantes, sin un despliegue excesivo de músculos. Hay "que indicar suavemente" los pocos que se requieren, es decir, sin excesivas sombras y no muy prominentes, las extremidades, y especialmente los brazos, hay que representarlos con mucha naturalidad, de tal modo que no se encuentren en línea directa con las partes anexas. Si el polo del hombre, es decir, las caderas, están situadas de tal forma que la derecha es más alta que la izquierda, tratemos de que la espalda derecha esté más baja que la izquierda y, en línea perpendicular, la articulación de la espalda más alta, por encima de la prominencia más alta de la cadera. Siempre, la boca de la garganta debe estar sobre el centro del tobillo del pie en el que el hombre se apoya. La pierna que se encuentra libre debe tener su rodilla más baja que la de la otra y junto a la otra pierna. Las posturas de los brazos y de la cabeza son enormemente variadas y sobre este tema no me extenderé dando reglas.

No obstante, permítaseme aconsejar que sean agradables, ágiles y naturales, y que parezcan como pedazos de madera.

Esto es lo que recibe el nombre de simple movimiento en un hombre, cuando se inclina hacia los lados, hacia adelante o hacia atrás. Y el movimiento en un hombre se llama compuesto cuando por algún motivo debe doblarse y girar hacia un lado a la vez...

Del movimiento del hombre.

Si deseamos representar un hombre moviendo algún peso, tenemos que pensar que estos movimientos deben ser representados en distintas direcciones. De esa manera, un hombre se puede agachar para alzar un peso con el propósito de levantarlo cuando se endereza; este es sencillamente un movimiento de abajo arriba, pero también puede desear hacer bajar con una cuerda algo que pasa por una polea, tirarlo hacia atrás o empujarlo hacia adelante.

No olvidemos que el peso de un hombre se empuja en proporción a lo que el centro de su gravedad está alejado del de su apoyo, agregando a esto la fuerza que ejercen sus piernas y su espina dorsal doblada cuando se endereza.

Para levantar al hombre, el tendón que guía la pierna y que está conectado por la rótula de la rodilla siente un enorme agotamiento, tanto mayor cuanto la pierna está más doblada. El músculo que actúa sobre el ángulo hecho por el muslo tiene menos peso y menos problema para levantarse al no poseer el peso del mismo muslo. Sus músculos, además de esto, son más fuertes al ser estos los que constituyen la nalga.

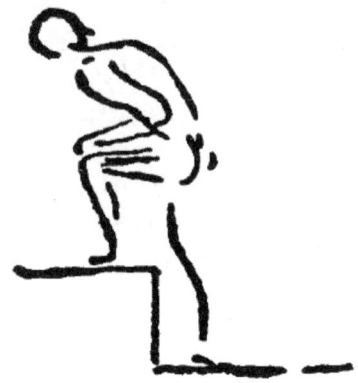

El movimiento inicial que realiza el hombre cuando sube por las escaleras es dejar libre la pierna que desea levantar del peso del tronco que descansa sobre aquella. A la vez, carga la otra pierna con todo su peso, incluido el de la pierna alzada; posteriormente levanta la pierna y coloca el pie en el peldaño que desea subir. Después que hace esto, transmite todo el peso del tronco y de la pierna al pie más alto, mientras apoya la mano en el muslo, empuja la cabeza hacia adelante y se moviliza hacia el punto donde se encuentra el pie más alto, al tiempo que levanta rápidamente el talón del pie que tiene abajo. Con el impulso logrado de esa forma, se levanta y, extendiendo el brazo que está descansando sobre la rodilla, se endereza y yergue la curva de la espalda.

El ser humano y todo animal sienten más extenuación al ponerse en pie que al agacharse, porque cuando se ponen en pie soportan todo su peso y cuando se agachan lo hace más ágilmente.

Un individuo corriendo aporta a su pierna menos peso que cuando se encuentra de pie, inmóvil. De igual modo, el caballo cuando corre está menos consciente del peso del jinete, y debido a esto muchas personas consideran extraordinario que un caballo en una carrera se pueda apoyar únicamente en un pie. Podemos concluir de esto, en referencia al peso en un movimiento trans-verso, que menor es el peso hacia el centro de la tierra cuanto más rápido es el movimiento.

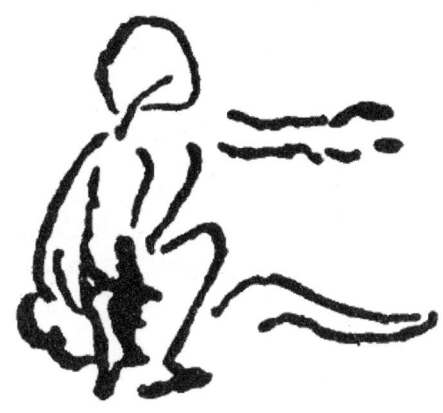

*Cómo actúa un hombre para levantarse cuando
está el piso llano.*

No es posible que alguna memoria pueda retener todos los aspectos y cambios de cualquiera de las extremidades de un animal. Tomando la mano como ejemplo vamos a demostrar esto. Ya que toda cantidad continua es divisible de manera *infinita,* el movimiento del ojo que mira la mano corre por un espacio que también es una cantidad continua y divisible de manera *infinita.* El aspecto y forma de la mano varía en cada etapa del movimiento cuando se la observa y, cuando el ojo se mueva en un círculo completo, continuará cambiando. A su vez, la mano actuará de forma parecida al ser levantada en su movimiento, es decir, va a viajar a través del espacio, que es una cantidad continua.

Existen cuatro movimientos primordiales en la flexión que ejecuta la articulación de la espalda, a saber: cuando el brazo adherido a ella se mueve hacia atrás, hacia adelante, hacia arriba o hacia abajo. No obstante, podríamos decir que esos movimientos son infinitos, debido a que si volvemos la espalda a la pared y con nuestro brazo describimos una forma circular, habremos ejecutado la totalidad de los movimientos contenidos en la espalda. Y debido a que todo círculo es una cantidad continua, el movimiento del brazo habrá producido también una cantidad continua. Si no estuviera orientado por el principio de continuidad, este movimiento no produciría una cantidad continua. Motivado a eso, el movimiento de ese brazo ha estado por todos lados del círculo, y como el círculo es divisible de manera *infinita,* las variaciones de la espalda también han sido infinitas.

La misma acción observada desde diferentes ángulos.

Una misma acción se expresa con un infinito número de variaciones, debido a que se puede observar desde infinidad de sitios diferentes, y esto posee una cantidad continua que se puede dividir en infinito número de partes. En consecuencia, toda acción del hombre se manifiesta en una variedad infinita de circunstancias.

Son infinitamente variados los movimientos ejecutados por un ser humano en un momento concreto y por un motivo especial. Esto puede probarse de esta manera: imaginemos que un hombre golpea un objeto; este golpe estará compuesto de dos posiciones, debido a que o bien se encontrará en posición de subir el objeto que debe bajar para realizar el golpe, o bien ya estará bajando. Es innegable, en cualquier caso, que el movimiento sucede en el espacio y que el espacio es una cantidad continua divisible de manera *infinita.* Entonces, la conclusión es que todo movimiento de un objeto que baja es variable de manera *infinita.*

c) Fisiología.

Hay calor donde hay vida, y donde hay calor se mueven los humores acuosos.

Lo que moviliza el agua a través de los manantiales en oposición al curso natural de su gravedad es igual a lo que mueve los humores de los cuerpos con vida.

¿Los escritores con qué frases describirán toda la hermosura y armónica perfección que existe en el dibujo? Por desconocimiento lo hará de manera confusa como para dar una sutil idea de las auténticas formas de los objetos. Creen que mintiéndose a sí mismos pueden complacer al oyente cuando hablan de la figura de cualquier objeto que está rodeado de superficies y posee cuerpo.

Yo les aconsejo que no se molesten en utilizar palabras a menos que hablen a un ciego, y si quieren convencer con palabras a los oídos, en lugar que a los ojos de los hombres, traten de hablar de cosas más importantes o de la naturaleza, sin perder el tiempo en tratar de hacer entrar en los oídos cosas que corresponden a los ojos, debido a que en esta materia se verán considerablemente desbordados por el trabajo del pintor.

¿Con qué frases podrán describir el corazón sin llenar páginas y páginas de un libro? Más desconcertará la mente del oyente cuantos más detalles aporten. Y para alcanzar un conocimiento lo más completo posible, siempre van a requerir comentaristas o volver a apoyarse en la experiencia.

El ojo del hombre.

En el ojo, su pupila se transforma en tantas dimensiones distintas como diferencias existen en los grados de oscuridad y brillo de las cosas que se presenten frente a ellos... La naturaleza, en este caso, ha dotado a la facultad visual con la contracción de la pupila, cuando se irrita por una luz excesiva. En esta situación la naturaleza trabaja como uno que, al tener excesiva luz en su cuarto, cierra la ventana de acuerdo a las necesidades, o como aquel que abre la ventana de par en par cuando llega la noche para ver mejor.

De este modo, la naturaleza logra una permanente adaptación y un continuo equilibrio a través de la contracción y dilatación de la pupila, de acuerdo con el brillo o la oscuridad que se presenten frente a ella. Este proceso lo podemos ver en los animales nocturnos, como búhos, gatos y autillos, que poseen la pupila muy grande por la noche y muy pequeña a mediodía... Si deseamos realizar un experimento con un ser humano, observemos con atención la pupila de su ojo al tiempo que tenemos una vela encendida a una distancia muy corta y le hacemos mirar a esta luz cuando se la vamos aproximando progresivamente. De esa manera nos daremos cuenta que cuanto más se la aproximamos más se va contrayendo la pupila.

La pupila está en el centro de la córnea, que posee la forma de una parte de esfera, en el centro de su base recibe la pupila. Esta córnea recibe la totalidad de las imágenes de las cosas y las transmite a través de la pupila al lugar donde se realiza la visión.

Cuando se hace la anatomía del ojo, para poder mirar bien dentro de él sin que se derrame el humor acuoso, tenemos que poner todo el ojo en clara de huevo y cocerlo hasta que se solidifique, para después cortar el huevo y el ojo de forma transversal, de suerte que nada de la parte seccionada se desparrame.

Cuando se haga la anatomía del cerebro, en las trompas de los inmensos ventrículos construyamos dos respiraderos e insertemos cera derretida a través de una jeringa por medio de una abertura que haremos en el ventrículo central. Llenemos, por medio de este orificio, los tres ventrículos del cerebro. Después que la cera se haya endurecido, quitemos el cerebro y podremos ver la forma de los tres ventrículos con total exactitud.

d) La lengua.

De los músculos que la mueven.

La lengua es el órgano que requiere más músculos que ningún otro; de estos se conocían veinticuatro, aparte de los que yo he descubierto. De todos los miembros movidos voluntariamente, este supera a los demás en la cantidad de movimientos... Ahora la tarea consiste en descubrir de qué forma se encuentran divididos estos veinticuatro músculos y cómo actúan en la lengua para provocar los movimientos requeridos, que son variados y muchos. Tenemos, además, que observar cómo descienden desde la base del cerebro a ella los nervios y cómo pasan a la lengua, ramificándose y distribuyéndose; cómo estos veinticuatro músculos se transforman en seis cuando forman la lengua. Más todavía, hay que demostrar dónde estos músculos tienen su origen: unos en las vértebras del cuello..., unos en la tráquea y otros en el hueso auxiliar... Del mismo modo, cómo las venas los alimentan y cómo los nervios producen la sensación en ellos.

La lengua trabaja en la articulación y pronunciación de las sílabas de las que están compuestas las palabras. También, la lengua se usa en la limpieza de boca y dientes y para digerir los alimentos en el proceso de la masticación. Son siete los principales movimientos...

Observemos atentamente cómo por el movimiento de la lengua, con la ayuda de los dientes y labios, conocemos la pronunciación de todos los nombres de los objetos; cómo las palabras simples y compuestas de un idioma llegan a nuestros oídos a través de este instrumento, y cómo las palabras se aproximarían a un número infinito si existiera un vocablo para nombrar todas las cosas de la naturaleza, al lado de las innumerables que están actuando en ella. Y el hombre no expresa todas estas palabras únicamente en una lengua, sino en sinfín de ellas, debido a que cambian de manera continua de un siglo a otro y de un país a otro gracias a la mezcla de los pueblos que a causa de las guerras y otras muchas razones se vinculan entre sí. Como todas las cosas creadas, las mismas lenguas son mortales y caen en el olvido. Si diéramos por cierto que nuestro mundo es eterno, diríamos que estas lenguas forman un tiempo infinito, que han sido y serán de una eterna variedad a lo largo de infinitos siglos.

Esto no ocurre con los demás sentidos, debido a que estos se dedican únicamente a las cosas que produce la naturaleza continuamente, y la forma ordinaria de las cosas que son creadas por la naturaleza no se modifica como lo hacen, de tiempo en tiempo, las cosas producidas por el ser humano, quien es su mejor instrumento.

Posee tantas palabras en mi lengua materna, que más bien que lamentar la ausencia de palabras con que manifestar la concepción que tengo en mi mente, debería lamentar la ausencia de un conocimiento recto de las cosas...

e) Los labios.

De los músculos que mueven los labios de la boca.

En el hombre, los músculos que mueven los labios de la boca son más numerosos que en cualquier animal. El ser humano los necesita debido a las muchas acciones para las que se usan los labios, como, por ejemplo, para pronunciar las cuatro letras del alfabeto BFMP, para reír, llorar, silbar y acciones similares. Se utilizan también en esas estrechas contorsiones que los payasos realizan cuando imitan otras cosas. En los labios están los músculos que cierran la boca herméticamente, reduciendo su longitud; más bien los labios son los músculos que se cierran propiamente. Estos músculos, de hecho, transforman el tamaño del labio debajo de otros músculos que se acercan a él y de los que un par le mueven y dilatan para la risa. El mismo músculo que le contrae es el que constituye el labio inferior. En el labio superior se efectúa, de manera simultánea, un proceso parecido.

Existen otros músculos que llevan los labios a un punto; otros que los vuelven hacia atrás; otros que los enderezan; otros que los tuercen otros que los aplastan, y otros, finalmente, que los vuelven a su posición inicial. De manera que existen tantos músculos como movimientos numerosos de los labios en las dos direcciones. Mi intención es el describirlos y representarlos totalmente, demostrando estos movimientos a través de mis principios matemáticos.

En Florencia vi en una ocasión a un hombre que se quedó sordo. No comprendía cuando le hablaban muy alto, pero si lo hacían suavemente, sin emitir la voz, comprendía por el simple movimiento de los labios. Probablemente alguno diga que los labios de un hombre que habla alto no se mueven igual que los del que habla bajo y que si se moviesen del mismo modo, no sería comprendido de ninguna de las dos formas. Voy a dejar que el siguiente experimento responda a esto: hagan que alguien hable sin emitir sonido alguno y observen sus labios.

f) El embrión.

A pesar de que el ingenio humano puede obtener un sinfín de inventos, jamás imaginará ninguno mejor, más simple y directo que los que realiza la naturaleza, debido a que en sus inventos nada es superfluo y no falta nada. Cuando crea miembros adaptados para el movimiento en los cuerpos de animales, la naturaleza no requiere contrapeso, sino que en ellos pone el alma que los informa, esto es, el alma de la madre que primero forma en su seno la forma del ser humano e infunde el alma, a su debido tiempo, para que viva en él. El alma, en los inicios de la gestación, se encuentra como dormida bajo la tutela del alma materna, que la alimenta y vivifica, a través del cordón umbilical, con todos sus miembros del espíritu. Todo esto seguirá por el tiempo que el cordón umbilical se encuentre unido al feto a través de las cotiledóneas y secundinas, por las que el niño se encuentra unido a la madre. Estos son los motivos por las que el niño experimenta con mayor intensidad que la misma madre un deseo muy fuerte o una experiencia de temor, llegando a morir el niño en muchos casos.

Al dirigir una sola mente a dos cuerpos, los temores, los deseos y los sufrimientos de la madre son los mismos que los del niño que habita en su seno, de la misma forma que el alimento es común a los dos, porque las fuerzas vitales proceden del aire, que es el principio vital común a todos los hombres y a los demás seres vivientes.

Las razas negras de Etiopía no son la consecuencia del sol. Esto se puede probar, debido a que si un negro deja embarazada a una negra en Escintia, la descendencia es negra; pero si un negro deja embarazada a una mujer blanca, la descendencia es mestiza. Esto demuestra que en el embrión la simiente de la madre tiene igual fuerza que la del padre.

De esa manera es como explico a los hombres el origen de su segunda causa —segunda o tal vez primera— de la existencia; la división de las partes materiales de las espirituales; la manera en que respira el niño y la forma como es alimentado a través del cordón umbilical; por qué un niño que nace a los ocho meses fallece y por qué una sola alma dirige dos cuerpos. Avicena sostiene, con respecto a esto, que el alma da a luz al alma y el cuerpo al cuerpo, pero está equivocado.

g) Anatomía comparada.

Representaremos, a modo de comparación, las patas de una rana, que poseen una enorme similitud con las piernas del hombre en lo que se refiere a huesos y músculos. Después, las patas traseras de la liebre, que son bastante musculares, con fuertes y altivos músculos, por no tener grasa.

Miremos atentamente las lecciones de las articulaciones y la manera en que la carne se inflama en sus dilataciones y contracciones. De este estudio verdaderamente significativo vamos a hacer un tratado aparte: describiremos los animales de cuatro pies, entre los que está el ser humano, que en su niñez se arrastra sobre los cuatro. El caminar del ser humano es siempre parecido al de los animales de cuatro patas, en cuanto que, como aquellos, cruzan los pies mientras los mueven, igual como hace el caballo cuando trota, de esa manera el hombre mueve sus brazos y pies del mismo modo. Esto es, si el hombre al caminar adelanta el pie derecho, a la vez adelanta el brazo izquierdo y viceversa. De esa manera, invariablemente. Cuando es atravesada su médula espinal, la rana muere de forma instantánea, a pesar de que antes vivió sin cabeza, sin intestinos, sin piel, sin corazón y sin huesos. Por tanto, da la impresión de que es en la médula espinal donde reside la raíz del movimiento y de la existencia. De aquí provienen todos los nervios de los animales. Y cuando es punzada la médula espinal, mueren instantáneamente.

Descubrí que la composición de los órganos sensitivos del cuerpo del hombre es más burda que la de los animales. Consiguientemente, sus órganos se encuentran compuestos de partes con menos capacidad de recibir la fuerza de los sentidos y de instrumentos menos hábiles. He logrado comprobar en los leones cómo el sentido del olfato, que forma parte de la sustancia cerebral, desciende a las fosas nasales, que son un enorme receptáculo. El olfato penetra entre cuantiosas cavidades cartilaginosas con muchos pasos que llevan al cerebro.

Para sus cuencas, los ojos de los leones disponen de una inmensa parte de la cabeza, y los nervios ópticos se encuentran en inmediata comunicación con el cerebro. Por el contrario, en los hombres las cuencas de los ojos solo ocupan una pequeña parte de la cabeza, y los nervios ópticos son débiles, finos y largos. Debido a su debilidad vemos bien de día, pero vemos mal de noche, al tiempo que esos animales ven mejor por la noche que por el día. Prueba de esto es que ellos duermen durante el día y rondan la presa de noche, como también hacen los pájaros nocturnos.

Todos los animales tienen las pupilas de sus ojos adaptadas para contraerse y dilatarse por sí mismas, en proporción a la mayor o menor luz del sol o de las demás luces. En los pájaros la variación es mucho mayor y principalmente en las nocturnas, como los búhos castaños y blancos. La pupila en estos se dilata hasta que ocupa todo el ojo o contrae hasta hacerse como un grano de mijo, conservando siempre su forma de círculo. En la familia de las panteras, leopardos, onzas, tigres, gatos españoles, leones, lobos, linces y otros animales, cuando contrae la pupila se transforman de un círculo perfecto en una figura de espiral. No obstante, al hombre le molesta menos la luz excesiva y su pupila percibe menos aumento en sitios oscuros, teniendo como tienen una vista más débil que todos los animales. En los ojos de los animales nocturnos que se mencionaron anteriormente como el búho, la mayor ave nocturno, su fuerza visual se incrementa tanto que en la oscuridad de la noche puede ver con más claridad que nosotros al esplendor del mediodía. Cuando estas aves están escondidas en sitios oscuros, si se les obliga a salir a la luz del sol, la pupila se contrae tanto que su poder visual se reduce por la cantidad de luz.

Vamos a estudiar la anatomía de varios ojos y observamos cuáles son los músculos que dilatan y contraen las pupilas de los ojos de los animales.

Si nuestro ojo se coloca de noche entre la luz y el ojo de un gato, el ojo nos va a parecer como si fuera de fuego.

Cuando el pájaro cierra el ojo con ambos párpados, inicialmente cierra el párpado externo de abajo arriba y cierra la secundina y lo hace hacia un lado, desde la glándula lacrimal hasta el rabillo del ojo. Ambos movimientos se entrecruzan, cubriendo inicialmente el ojo en la glándula lacrimal, debido a que el pájaro ha visto que se encuentra a salvo por delante y por debajo; deja abierta únicamente la parte superior del ojo debido a las aves de presa que pueden venir de atrás y de abajo. Cuando abra los ojos, descubrirá primero la membrana en dirección del ángulo exterior, porque si el adversario viene por detrás, el pájaro tiene la oportunidad de volar hacia adelante. Si conserva echada la membrana llamada secundina, que es de una contextura transparente, lo hace de esa manera porque si no tuviera esta protección no podría conservar los ojos abiertos contra el viento que con furia hiere el ojo en su veloz vuelo.

Estudiemos el movimiento de la lengua de un pájaro carpintero y describamos la lengua de esa ave y la mandíbula del cocodrilo.

Cómo hacer para que aparezca natural un animal imaginario.

Ya sabemos que no podemos dibujar animal alguno sin que tenga sus miembros de tal manera que guarden alguna similitud con la de otros animales. Si deseamos hacer que aparezca natural uno de los animales imaginarios, por ejemplo, un dragón, tomemos por cabeza la de un mastín; por orejas, las de un puerco espín; por nariz, la de un galgo; por orejas, las de un león; por sienes, las de un gallo viejo; por cuello, el de una tortuga de agua y por ojos, los de un gato.

h) Ropajes.

Las ropas, según las distancias y colores, pueden ser finas, gruesas, nuevas, viejas, con dobles, sueltos y plegados, levemente suaves, oscuras y menos oscuras, con o sin reflejos, airosas o rí-gidas. Los trajes tendrán que acomodarse a la posición social de quienes los visten: ondeantes o almidonados, largos o cortos; ajustados a los pies o separados de ellos, según que las piernas descansen o se doblen, monten a horcajadas o se tuerzan. Deben adaptarse a las articulaciones, a la manera de andar, al movi-miento y al vaivén del aire. Los pliegues deben corresponder a la calidad de los paños, ya sean tupidos o transparentes.

La naturaleza debe ser imitada por los lienzos. Es decir, si de-seamos representar una tela de algodón, pintemos los pliegues de algodón; si deseamos representar una de seda, tela tosca o fina, lino o crespón, transformemos los pliegues en cada uno y no representemos trajes, como hacen muchos, de modelos cubier-tos de papel o cuero fino que no nos orienten.

Por naturaleza, todo tiende a permanecer en estado de so-siego. El paño de grosor y densidad uniformes tiende a perma-necer liso. Debido a eso, cuando lo doblamos o plegamos con violencia vemos que en la parte más fuerte se arruga. La parte más alejada de la zona arrugada tiene tendencia a volver a su estado natural, es decir, se despliega con libertad.

No debemos recargar un lienzo con muchos pliegues, sino más bien introduzcamos únicamente aquellos de los brazos y las manos; el resto podemos dejar que caiga con libertad, sin de-jar que las figuras desnudas estén atravesadas por muchas líneas sueltas y dobles.

Las figuras trajeadas con manto no deben resaltar la forma corporal tanto que el manto aparezca demasiado unido a la piel. Indudablemente que a nadie le gustaría tener el manto excesi-vamente adherido a la carne, ya que no se puede olvidar que entre la carne y la capa hay otras prendas que imposibilitan que a través del manto aparezcan las formas del cuerpo. Si mostramos ciertas partes del cuerpo, estas las hemos de dibujar más gruesas que de ordinario, para que parezca que debajo del manto hay otras prendas. Las extremidades de una ninfa o de un ángel se tendrían que presentar casi en su estado original, ya que estos se representan revestidos de ligeros lienzos conducidos y aprisionados contra las extremidades de esas figuras por la corriente del aire.

i) Botánica.

No es universal aquel a quien no le gusta por igual todo lo que comprende el arte de la pintura. Por ejemplo, hay alguno que no se ocupa de los paisajes, considerándolos como objetos de pura y superficial investigación. Nuestro Botticelli lo hace de esa manera, y afirmó que son inútiles estudios de esta clase, ya que por el sencillo hecho de arrojar hacia una pared una esponja empapada en diferentes colores se forma una mancha en la que se podría distinguir un pintoresco paisaje. Acepto que en esa mancha, si uno las busca, podrían imaginarse varias cosas, como cabezas de seres humanos, batallas, piedras, mares, nubes, árboles y animales, lo mismo que escuchando un repique de campanas uno puede escuchar lo que se le antoje. No obstante, aunque esas manchas logren inspirar cualquier composición, no enseñan cómo perfeccionarlas con detalles.

Este pintor dibujó paisajes demasiado vulgares.

Las cuatro estaciones del año
y su representación.

Hay que tratar que las cosas pintadas en otoño estén de acuerdo con lo adelantado de la estación. Es decir, al comienzo de ella las hojas de los árboles empiezan a marchitarse en las ramas más secas. De esa manera, pues, se dibujarán más o menos secas según el tiempo y según se represente el árbol en etapa de crecimiento, en suelo estéril o fértil. Se deben representar más pálidas y rojizas los tipos de árboles que fueron los primeros en dar el fruto.

No debemos hacer como muchos que dibujan todo tipo de árboles del mismo verde, aunque se encuentren a igual distancia. Todos son diferentes cuando hablamos de plantas, rocas, troncos de árboles, campos y distintas clases de suelo. No únicamente en lo que se refiere a las especies es infinitamente variable la naturaleza, sino que en las mismas plantas hallamos diferentes colores. De esa manera, en las ramas pequeñas, por ejemplo, las hojas son más hermosas y grandes que en otras ramas. La naturaleza es tan agradable y abundante por su variedad, que entre los de igual especie no hallamos dos árboles similares. No únicamente en las plantas como un todo, sino entre sus hojas, frutos y ramas no encontraremos una idéntica a otra. Miremos, por lo tanto, observemos esta variedad y representémosla lo mejor que nos sea posible.

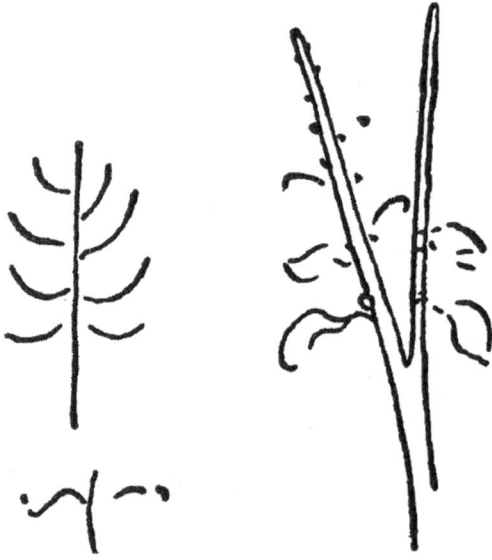

A no ser que se doblen por el peso de sus frutos, las puntas de las ramas de las plantas miran todo lo posible hacia el cielo. La parte superior de las hojas mira hacia el firmamento para alimentarse del rocío de la noche.

El sol da vida y anima a las plantas, y la tierra, con su humedad, las alimenta.

Después de formar el ángulo de separación del tronco paterno, las ramas inferiores se doblan hacia abajo siempre como para no agolparse con las que están por encima de ellas en el mismo tronco y de esa manera poder recibir mejor el aire que les da alimento.

Todos los vástagos y frutos se producen encima de la inserción de su hoja, que actúa como madre, suministrándoles el agua de la lluvia y la humedad del rocío que cae en horas nocturnas y resguardándole frecuentemente de los rayos del sol.

Del nacimiento de las hojas en las ramas.

En el espacio que existe entre las hojas, el grosor de una rama únicamente se reduce en una cantidad igual al grosor de la yema que está encima de la hoja. De esa manera, el grosor de la rama va disminuyendo entre una hoja y la siguiente.

La naturaleza ha puesto las hojas de los últimos vástagos de muchas plantas, de tal modo que la sexta hoja siempre se encuentra arriba de la primera. De esa manera, si la regla no falla, continúan sucesivamente.

Para las plantas es doble la utilidad de esta colocación. Primeramente, cuando brota la rama y el fruto el año próximo de la yema que se encuentra por encima, en contacto con el ligamento de la hoja, podrá descender el agua que humedezca esta rama y darle alimento a esta yema, al quedar la gota de agua recogida en la axila de donde la hoja brota. Después, al crecer estos vástagos, no se van a tapar entre ellos, debido a que cinco de las ramas crecen en cinco direcciones diferentes y la sexta saldrá arriba de la primera, a cierta distancia.

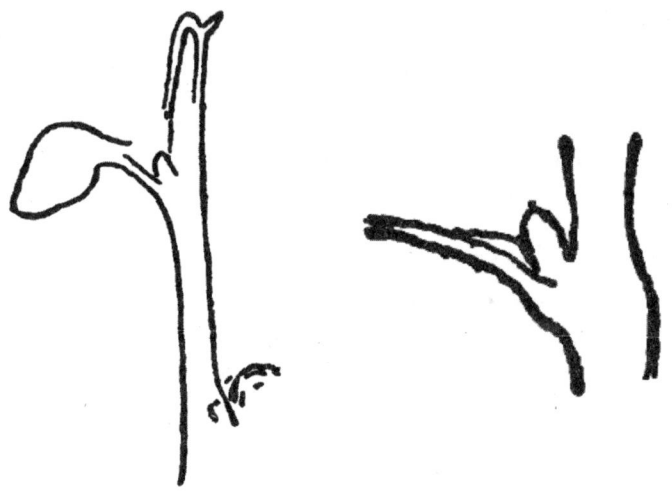

La totalidad de las flores que miran al sol maduran sus semillas y las otras no; esto es, únicamente aquellas que reciben el reflejo solar.

Si quitamos a un árbol un anillo de corteza se va a secar desde ese anillo hacia arriba y se va a mantener vivo desde ese anillo hacia abajo. Si este anillo lo hacemos durante una mala luna y después cortamos desde abajo la planta en una luna buena, va a sobrevivir la de la luna buena y el resto se va a secar.

Siempre, las ramas empiezan encima de la hoja.

El inicio de una rama tendrá siempre la línea central de su espesor (eje) en dirección a la línea central (eje) de la planta.

Casi todas las partes superiores de los árboles, en general, se encorvan un poco, volviendo hacia el sur el lado convexo, y sus ramas son mucho más gruesas y largas hacia el sur que hacia el norte. Esto ocurre debido a que el sol hace salir la savia hacia esa parte del árbol que está más próxima a él. Esto se observa a no ser que el sol esté escondido entre otros árboles.

En cada fase de su altura, el espesor del conjunto de todas las ramas de los árboles es igual al espesor de su tronco.

De la inserción de las ramas en las plantas.

El inicio de la ramificación de las plantas en sus principales ramas es igual que el inicio de las hojas en los vástagos de la misma planta. Estas hojas poseen cuatro maneras de crecer unas sobre las otras. La primera y más normal es que la sexta siempre vaya sobre la sexta de abajo. La segunda es que las dos terceras de arriba se encuentren sobre las dos terceras de abajo. La tercera forma consiste en que la tercera de arriba se encuentre sobre la tercera de abajo. La cuarta forma, finalmente, es la del abeto que constituye hileras.

Cuando la semilla está madura, todas las semillas disponen de cordón umbilical, e igualmente poseen matriz y secundina, como puede observarse en todas las semillas que crecen en vainas y en las hierbas. Sin embargo, las avellanas tienen el cordón umbilical largo y aparece en la infancia.

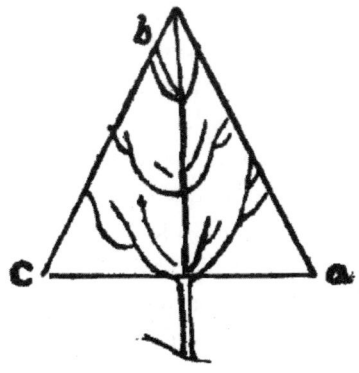

En lo que se refiere a su ramificación que se sitúa en plataformas alrededor de su tronco, el cerezo posee las mismas características que el abeto. Unas frente a otras, sus ramas arrancan en número de cuatro, cinco o seis. Las puntas de los retoños de más altura forman, desde el centro hacia arriba, una pirámide. Desde el centro hacia arriba el roble y el nogal forman una media esfera.

Siempre una hoja vuelve su lado superior hacia el cielo, de tal modo que pueda recibir mejor sobre toda la superficie el rocío que gotea con suavidad del ambiente. Estas hojas se encuentran distribuidas en las plantas de tal manera, que una cubre a la otra lo menos posible, encontrándose de forma alternativa una sobre la otra, como se observa en la hiedra que recubre las paredes. El encontrarse alternadas tiene dos finalidades: Primero, para dejar espacios, de tal forma que puedan penetrar entre ellas el sol y el aire. Y segundo, para que, como en el caso de otros árboles, las gotas que caen en la primera hoja también puedan caer en la cuarta o en la sexta hoja.

Cuando representamos el viento, además de mostrar la inversión y flexión de las ramas y de las hojas cuando aquel se aproxima, tendríamos que representar también las nubes de polvo mezcladas con el aire agitado.

Las plantas viejas tienen la corteza menos jugosa y las hojas menos transparentes que las jóvenes. El nogal, especialmente, en septiembre posee un color menos intenso que en mayo.

El número de años los podemos conocer por los anillos que hacemos al cortar la rama de un árbol. La mayor o menor amplitud de estos anillos revelan qué años fueron más secos y cuáles más húmedos. También revelan la dirección hacia la que se encontraba vuelta la planta, debido a que la que estaba girada hacia el norte crece con más espesor que la girada hacia el sur, de tal modo que el centro del tronco se encuentra más cerca de la corteza que mira al sur que de la que mira al norte.

Aunque para la pintura todo lo anterior no tiene ninguna importancia, deseo, sin embargo, describirlo, omitiendo lo menos posible de cuanto sé con respecto a los árboles.

4. LA EXPRESIÓN DEL ESPÍRITU

En todos sus gestos, las manos y brazos deben expresar lo más posible el propósito del espíritu que los mueve, ya que a través de ellos, cualquiera que posea sentido artístico, sigue en todos sus movimientos los propósitos de la mente. Cuando quieren persuadir realmente a sus oyentes, los buenos oradores tratan de acompañar sus palabras con movimientos de brazos y manos, a pesar de que algunos poco sensatos no cuidan esta faceta y parecen auténticas estatuas en la tribuna, pareciendo que su voz emerge de un tubo parlante. Esto, que representa un enorme defecto en el arte de la oratoria, se acentúa en el campo de la pintura. Si las figuras no son expresión de la vida que el pintor desea imprimir en ellas, aparecerán muertas por partida doble: desprovistas de acción y de vida.

Representaremos y discutiremos, volviendo a nuestro tema, distintas emociones: el temor súbito, la angustia, la autoridad, el llanto, el deseo, el arrebato, la solicitud, la negligencia y otras similares.

Cuando pinta, un buen pintor tiene dos objetivos principales: el ser humano y su espíritu. El primero es sencillo. Pero el segundo es más complicado, porque tiene que representarlo a través de movimientos corporales. Observando al mundo es como se puede obtener el conocimiento de estos, porque sus movimientos son más naturales que los de cualquiera otro hombre normal.

Es de fundamental importancia en la pintura que los movimientos de cada figura expresen su estado de ánimo, así como el deseo, la angustia, el desdén, la piedad y cosas parecidas.

Los gestos de las figuras, en pintura, son expresión siempre del deseo de sus mentes.

Cualquier acción debe expresarse necesariamente en movimientos.

Querer y conocer son dos operaciones del espíritu del hombre. Igualmente, el reflexionar, discernir y juzgar.

Nuestro cuerpo está sometido al firmamento, y el firmamento se encuentra sometido a la mente del hombre.

Un cuadro, o más bien las figuras que están representadas en él, tienen que aparecer de tal forma que los espectadores puedan reconocer con facilidad por sus actitudes los deseos más íntimos del alma... Esto se puede comparar al caso de un sordomudo, que, a pesar de que está privado del oído, puede, sin embargo, comprender, por las actitudes y gestos de los interlocutores, el tema que se esté discutiendo.

Los miembros del cuerpo que están destinados al trabajo deben tener apariencia musculosa, y los que no lo están, debemos representarlos blandos y sin músculos.

Debemos representar las figuras con tal actitud que expresen sus propósitos. Nuestro arte, de lo contrario, no será bueno. A no ser que exprese la pasión de sus sentimientos, una figura no es digna de halago alguno. Cuanto mejor manifieste la pasión que la anima, una figura será tanto más digna de halago.

Los movimientos de los viejos deben aparecer lentos y pesados, y con las piernas dobladas en las rodillas. Cuando se encuentran de pie, los pies separados y paralelos, encorvados y con los brazos poco extendidos y con la cabeza apoyada hacia adelante.

Las mujeres se deben representar con actitudes modestas, los brazos doblados, con su cabeza doblada y un poco ladeada, y las piernas juntas. Las mujeres ancianas deben mostrar diligencia e impaciencia, y gestos de arrebato como las furias infernales, apareciendo la acción menos violenta en las piernas que en los brazos y cabeza. Los niños pequeños deben ser presentados con movimientos vivos y retorcidos cuando se encuentran sentados, y cuando están de pie, con gestos retraídos y tímidos.

El sujeto con su forma.

El objeto amado atrae al amante, igual que el sentido por el que percibe. De esa manera se une a él y se transforma en una sola cosa. De la unión lo primero que nace es la acción; el amante se empobrece si el objeto que se ama es de poco valor; si el objeto se encuentra en armonía con el que lo recibe, se sigue la satisfacción, el deleite y el placer; si el amante se encuentra unido con el ser amado, al depositar en él sus angustias, encuentra descanso.

5. COMPOSICIÓN

Orden en el estudio.

Hay que conocer primero las partes del cuerpo y sus mecanismos. Será necesario, después de haber completado este estudio, conocer sus gestos en las distintas situaciones. Posteriormente, la composición de los temas cuyo estudio se debe realizar reproduciendo las acciones que se les presentan en la naturaleza de cuando en cuando, de acuerdo a las circunstancias. Hay que fijarse para ello en las acciones que se desarrollan en los campos, plazas y calles, anotando sus formas por una indicación breve. De esa manera, por ejemplo, hagamos una O para dibujar la cabeza. Una línea recta o curva para un brazo, e igual para todo el cuerpo y las piernas. Completemos las notas al volver a casa, dando forma a las figuras.

Hay algunas personas que piensan que para obtener práctica y hacer bastante obras, es preferible ocuparse en pintar, en el primer período de estudio, partiendo de varias composiciones de otros autores. Yo respondo que el método será bueno siempre y cuando se encuentre fundamentado en obras de maestros habilidosos. Sin embargo, como son tan escasos estos maestros, ponerse en contacto con la naturaleza es el camino más seguro, más que copiarla de otras pinturas que solo son una imitación de aquella, debido a que el que puede dirigirse a la fuente no se alegra con dirigirse a la jarra de agua.

*Cómo representar a alguien que está hablando
entre un grupo de personas.*

Cuando deseemos representar a una persona hablando en un grupo, tenemos que tener en cuenta el tema del que habla y adaptar su acción a la materia. Si el tema es persuasivo, debemos hacer que se perciba en los ademanes; si se trata de alegar argumentos, que la persona que habla tenga cogido un dedo de la mano izquierda con los dedos de la derecha, manteniendo los dos más pequeños cerrados, su cara alerta y dirigida hacia las personas, con la boca levemente abierta, dando la impresión de que está conversando; si se encuentra sentado, que aparezca con la cabeza hacia adelante, como en gesto de ponerse en pie; si le representamos en pie, que esté levemente inclinado de cabeza y con las espaldas hacia las personas; estas deben aparecer calladas, atentas, con las miradas colocadas en el orador, con ademanes de admiración; los viejos, abstraídos con lo que escuchan, expresándolo con el ademán de la boca, su frente fruncida y sus cejas levantadas; varios, sentados, con los dedos pegados a sus cansadas rodillas; algunos ancianos, encorvados, con una rodilla cruzada sobre la otra, una mano reposando en ellas, acariciando el mentón con la mano y cogiéndose el codo. '

Apuntes sobre la última cena.

Podemos representar a una persona bebiendo, que ha dejado el vaso en su lugar, en gesto de volver la cabeza al orador. Con las manos extendidas, otra mostrando las palmas y encogiéndose de hombros, con un gesto de sorpresa. Otra, dirigiéndose con semblante duro a un compañero y retorciendo los dedos de las manos. Otra, charlando al oído de un comensal, que, al escuchar, se vuelve a él atentamente, al tiempo que tiene un panecillo cortado por la mitad en una mano y·un cuchillo en la otra. Otra, soplando un bocado. Otra, vuelca un vaso en la mesa, volviéndose con un cuchillo en la mano. Otra, con las manos sobre la mesa y observando. Otra, asomándose para mirar al que habla, oculta los ojos entre las manos. Otra, colocándose detrás de una que está inclinado hacia adelante, observa, por el resquicio que queda entre la pared y el que se inclina, al que está hablando.

Cuando el pintor posee una pared en donde puede representar una historia, siempre deberá tener en cuenta la altura a la que ha de situar las figuras. Si se inspira en la naturaleza para dibujar esa composición, tiene que observar mucho más abajo que el objeto que está pintando, porque el objeto, después de culminada la obra, se encontrará por encima de la mirada del espectador. Su cuadro será digno de reprensión si no lo hace de esa manera.

Por qué hay que impedir que las figuras se amontonen unas sobre otras.

Es de todo punto condenable la práctica de amontonar unas figuras sobre otras que asumen muchos pintores en las paredes de las iglesias, notando que representan una escena a un nivel con sus edificios y paisaje y, sobre esta escena representan otra, modificando así el punto de mira de la primera; posteriormente hacen una tercera y cuarta escena, de tal forma que hay cuatro puntos de mira en una misma pared, cosa sumamente aborrecible.

Ya sabemos que el punto de mira se encuentra opuesto al ojo del que observa la escena. Si me preguntan cómo se debería representar la existencia de un santo, dividida en varias escenas del final de una única pared, yo contestaría que se debe colocar el primer plano con su punto de mira a igual nivel del ojo del que mira. Se debe representar sobre este plano, a gran escala, el primer episodio. Después, disminuyendo progresivamente las figuras y los edificios sobre diversas colinas y planos, podemos representar todos los acontecimientos de la historia. Pondremos, en los restos de la pared hasta la parte más alta, los árboles de tamaño proporcionado a las figuras, ángeles, presumiendo que sean adecuados a la historia, nubes, aves, etcétera. De no hacerlo de esta manera, es preferible no molestarse en intentarlo, debido a que el cuadro no sería artístico.

No puedo menos de referirme entre estas recomendaciones a un método nuevo para el estudio, que, aunque pueda parecer cómico e insignificante, es bastante práctico para estimular la inventiva del alma. Es el que sigue: Cuando observamos una pared salpicada de manchas o con piedras entremezcladas, si deseamos imaginar alguna escena podremos ver en ella alguna similitud con los paisajes adornados de ríos, rocas, llanuras, extensos valles, grupos de colinas y montañas. Incluso podremos ver batallas y figuras en acción, rostros extraños e innumerables cosas a las que se les puede dar forma. En las paredes aparece todo esto de una manera confusa, igual que el sonido de las campanas en cuyo tañido nos podemos imaginar cualquier nombre o palabra que nos provoque.

Forma de representar una batalla.

Primero representemos el humo de la artillería, mezclado en el aire con el polvo levantado por el movimiento de los guerreros y caballos. Hemos de expresar este conjunto así: El polvo posee un peso, y aunque por su finura se puede levantar con facilidad y mezclarse con el aire, volverá a caer fácilmente. En consecuencia, la parte inicial es la que sube más alto y se verá menos, pareciendo que casi tiene el color del aire. Mezclado con el aire saturado de polvo, el humo, cuando suba a cierta altura, va a parecer una nube oscura, y el humo se percibirá mejor que el polvo en lo más alto. El polvo mantendrá su color y el humo cobrará un tinte azulado. Esta mezcla de humo, polvo y aire parecerá mucho más iluminada por la parte desde donde proviene la luz que del lado opuesto.

Cuantos más guerreros haya en la aglomeración, menor será el contraste entre luces y sombras y menos se percibirán. A las caras, a las figuras y al aire en torno a ellas, a los artilleros, y a cuantos están próximos a ellos, hay que darles un brillo rojizo.

Las figuras que se encuentran entre nosotros y la luz, si están distantes, aparecerán oscuras contrastando con un trasfondo luminoso, y cuanto más próximas estén las piernas del suelo serán menos visibles, porque es mucho más denso el polvo. Si representamos caballos galopantes apartándose de la muchedumbre, intentemos que exista igual distancia entre las nubes de polvo que la que hay entre los pasos del caballo. Tendría que ser menos visible la nube que esté muy lejos del caballo, apareciendo tenue, alta y extensa. La más próxima tendría que ser más pequeña, densa y clara.

El aire se encontrará colmado de flechas en muchas direcciones, unas cayendo, otras disparadas hacia arriba y algunas volando en sentido horizontal. Una estela de humo debe acompañar las balas de los cañones. Las figuras que se encuentren en primer plano tendrán polvo en sus cejas y cabellos. Con su cabello suelto, la cara un poco baja y todo su cuerpo en actitud tensa de avance, aparecerán en avalancha los guerreros. Si cae alguno al suelo, recordemos dejar una mancha en el polvo salpicado de sangre y hecho lodazal, donde se resbaló. Hagamos que aparezca, en ese contorno de tierra reblandecida, la huella de las pisadas de hombres y caballos que han pasado por ese sendero.

Un caballo arrastrando el cadáver del jinete puede aparecer, dejando su huella tras él, en el lodo. Los derrotados deben mostrarse pálidos, con la piel surcada por el dolor, la nariz con arrugas, las fosas nasales abiertas, las cejas fruncidas, los labios arqueados, mostrando los dientes superiores y en actitud de amargura. Se puede representar alguno utilizando la mano como escudo para sus ojos aterrorizados, con la palma vuelta al enemigo, al tiempo que otro, queriendo sostener su cuerpo medio levantado, yace en tierra.

También representemos a otros huyendo y gritando boquiabiertos. Todo tipo de armas a los pies de los guerreros: Espadas dobladas, escudos rotos y lanzas. Los fallecidos cubiertos de polvo, formando un flujo desde el cuerpo inerte al polvo, mezclados con la sangre rebosante. En los estertores de la agonía, otros entornando los ojos, rechinando sus dientes, con sus piernas descoyuntadas y los puños apretados contra el cuerpo. Otros, derrotados por el enemigo y desarmados, volviéndose hacia él con ademán vengativo. Podrá verse algún guerrero cubierto con su escudo, mutilado, mientras el enemigo trata de propinarle el golpe mortal. Miles de hombres caídos sobre la cabeza de un caballo fallecido. Otros, dejando el combate y escapando de la multitud, limpiándose los ojos y las mejillas cubiertos de polvo con ambas manos.

Se observarán los escuadrones de reserva vigilando con sus cejas alzadas y llenos de esperanza, como deseando atravesar con su mirada la nube gruesa de incertidumbre, confusión y desconcierto, y preparados para escuchar la voz de mando. Con su bastón de mando levantado, el capitán dirigiéndose a los reservas y señalándoles el puesto de combate. También dibujemos un río con caballos galopando y levantando en las aguas olas espumantes. En último lugar, intentemos no dibujar lugar alguno llano que no esté colmado de huellas ensangrentadas.

La noche y cómo representarla.

Lo que se encuentra completamente carente de luz es todo oscuridad. Ya que esta es la condición de la noche, preparemos un gran fuego si deseamos representar una escena nocturna. Lo que está más próximo al fuego se va a contagiar con su color. Debido a que lo que se encuentra más cerca del elemento además participa de su naturaleza, mientras que lo que está más apartado del fuego se tiñe del color negro nocturno. Las figuras que se observan con el fuego al fondo parecen oscuras al resplandor de su luz, debido a que ese lado del objeto que observamos se tiñe con la oscuridad nocturna, y no con el color del fuego. Aparecerán medio oscuros y medio rojos los que están a los lados, mientras que los que se ven más allá de los extremos de las llamas se iluminarán por un brillo rojizo con un trasfondo negro.

En lo que respecta a los gestos, hay que tratar de que los que están junto al fuego se resguarden con sus manos y mantos para protegerse del intenso calor, teniendo el rostro vuelto en gesto de apartarse. A muchos de los que están un poco más distantes se les debe representar alzando las manos, para tapar los ojos heridos por el insoportable resplandor.

Una tormenta y cómo representarla.

Si deseamos pintar una tormenta, debemos tener en cuenta los efectos del aire que sopla sobre mar y tierra, alzando y arrastrando todo lo que no es estable. Para lograr esto, en primer lugar debemos dibujar las nubes rotas, hendidas y corriendo a la par del viento, al lado de los torbellinos de arena que emergen de las orillas del mar y las ramas y hojas barridas por el viento y diseminadas por el aire con otros objetos livianos. Como siguiendo el curso de los vientos, los árboles y plantas deben estar doblados, con las hojas zarandeadas y las ramas retorcidas. Unos de los personajes deben aparecer en tierra arropados con sus trajes y casi invisibles debido al polvo, al tiempo que los que se encuentran en pie deberán aparecer detrás de un árbol, abrazados a él para que no los mueva el viento. Otros se encontrarán en cuclillas, con las manos en los ojos para resguardarse del polvo, y, flotando al viento, sus cabellos y trajes.

Al mismo tiempo que cubierto de densa niebla, el mar estará espumeante, enfurecido, y tempestuoso. Los barcos, con las velas desgarradas, con harapos azotados por el aire, los mástiles rasgados y caídos, y las maromas rotas, apareciendo el mismo navío destrozado por las olas y con los pasajeros gritando y agarrándose frenéticamente a los despojos del naufragio.

Se deben representar las nubes como arrastradas por exaltados vientos, enroscándose y arremolinándose como las olas que golpean las rocas, precipitándose a la cumbre de las montañas. Todo el ambiente, debe inspirar el pánico provocado por la oscuridad que causan las espesas nubes y la niebla.

Una inundación y su descripción.

Hay que presentar, en primer lugar, la cumbre de una montaña escarpada con valles que rodean su base. La tierra, en sus laderas, debe estar poblada, en su mayor parte, de matas pequeñas y rocas peladas. Cuando baja la inundación por los precipicios, debe seguir su impetuoso curso, arrancando las retorcidas y enmarañadas raíces de los árboles de mayor altura. Las montañas deben aparecer agrietadas por viejos terremotos, y sus bases cubiertas de restos de arbustos provenientes de las cumbres de las montañas; todo esto mezclado con lodo, ramas de árboles, raíces y variedad de hojas entre piedras y barro.

También se deben mostrar fragmentos de algunas montañas que desciendan a la hondonada de algún valle y formen para las aguas inmovilizadas de su río un ribazo, que se precipita con espantoso oleaje después de haber roto sus orillas, arrasando y destruyendo las fincas del valle y los muros de las ciudades. Deben aparecer las ruinas de los edificios levantando nubes de polvo en forma de humo al tiempo que cae la lluvia. Asimismo, inmensas masas de restos caen de lo más alto de las montañas o de los enormes edificios y chocan contra las aguas de los inmensos lagos, a la vez que rebotan en el aire, en dirección opuesta, grandes cantidades de agua; es decir, con el ángulo de incidencia igual al ángulo de reflexión.

Aparecerán a mayor distancia de la ribera que sea más fuerte o de mayor espesor los objetos arrastrados por las corrientes hídricas. Las aguas crecidas del lago deben aparecer buscando su contorno y chocando en forma de remolino contra los diferentes obstáculos, saltando con fuerza al aire con espuma de fango, retrocediendo después y haciendo que el agua batida con violencia vuelva nuevamente a elevarse en el aire. Las olas se deben dibujar en forma de círculo retirándose del lugar donde son sacudidas, y siendo impulsadas por el recorrido de otras olas circulares, que se mueven en dirección opuesta y después de chocar con ellas, sin desprenderse de su base, se alzan en el aire.

Deben observarse, allí donde el agua sale del lago, las olas apaciguadas y esparciéndose hacia la salida; de allí, el agua, cuando cae por el aire, obtiene peso e ímpetu, y chocando con el agua de abajo la separa y la penetra, llevándola fuertemente hasta alcanzar profundidad; después, retrocediendo, sube otra vez a la superficie del lago, en compañía del aire que se había sumergido con ella, quedando este aire en la espuma combinada con leños y otras cosas más livianas que el agua; comienzan a formarse las olas alrededor de estos, que aumentan de circunferencia al obtener más movimiento y se hacen más bajas a medida que van consiguiendo una base más extensa, siendo por tanto menos perceptible al ir esfumándose. Si las olas rebotan contra muchos objetos, retroceden hacia otras olas que se aproximan, observando igual ley de desarrollo en su curva que cuando aparecen en su movimiento de origen.

Cuando cae de las nubes, la lluvia tiene el mismo color que aquellas, a no ser que los rayos del sol las penetren, en cuyo caso la lluvia va a aparecer menos oscura que la misma nube. Si el enorme peso de los restos de las elevadas montañas o de los inmensos edificios chocan cuando caen en las grandes charcas de agua, entonces una gran cantidad de agua rebotará en el aire y su curso irá en dirección opuesta al de la sustancia que golpeó el agua; es decir, el ángulo de incidencia será igual al ángulo de reflexión.

El agua de remolinos se mueve más velozmente en proporción a su proximidad del centro. Las crestas de las olas del mar descienden a su base, golpeando impetuosamente las burbujas de que está constituida su superficie. El agua que cae se sedimenta con estos golpes en diminutas partículas, transformándose en una niebla muy densa. Al ser sacudida y zarandeada por la corriente de los vientos, la lluvia que cae por el aire se enrarece y densifica de acuerdo con la densidad o enrarecimiento de estos vientos. De este modo, en la atmósfera se produce una inundación de nubes transparentes, formadas por esas lluvias, y que se observan mediante las líneas que hace la lluvia cuando cae, si está próxima al ojo del que mira.

Las olas marinas, que se rompen en el repecho de las montañas que lindan con él, se colmarán de espuma por la rapidez con que chocan contra ellos, y al volverse atrás, hallarán el asalto de la siguiente ola, y después de un bramido muy fuerte volverán en una inmensa masa al mar de donde llegaron.

También deben aparecer un sinfín de hombres y animales de todos los tipos arrastrados por la corriente y dirigiéndose a los picos más altos de las montañas.

Cómo dibujar una inundación.

Vamos a hacer que el viento oscuro y tenebroso aparezca azotado por la fuerza de los vientos contrarios que se precipitan mezclados con granizo, arrastrando por todos lados innumerables hojas y ramas arrancadas de los árboles. Que se observen antiguos árboles descuajados y desnudos por la violencia de los vientos y restos de montes batidos por los arroyos, hasta que salgan de su cauce los ríos entumecidos, sumergiendo grandes extensiones de terreno con sus pobladores. También podemos ver en las cumbres de las montañas diferentes tipos de animales amontonados, aterrados y asustados acompañados de hombres y mujeres que han escapado allá con sus pequeños hijos. Las aguas que cubren los campos arrastrando camas, mesas, buques y otras cosas. Hombres y mujeres con sus chiquillos gritando, aterrados por la furia del huracán y de los vientos, llevando los cuerpos sin vida de los ahogados. Animales de todo tipo amontonados con gesto de pánico, entre los que se podían contar lobos, zorros y víboras escapando de la muerte.

Las olas golpeando los cadáveres de los ahogados, terminando por arruinar la poca vida de los sobrevivientes. También se pueden observar grupos de hombres armados, protegiendo los escondrijos pequeños que les dejaron los lobos, leones y animales de caza que se refugiaban allí.

Se podrían destacar los aterradores alaridos que se escuchan en la oscuridad rasgada por la furia del trueno, presagio del relámpago, que se arroja entre las nubes y derriba cuanto halla a su paso. Se podría ver la muchedumbre tapándose los oídos con sus manos, para acallar el estruendo provocado en la oscuridad por la violencia del viento mezclado con la lluvia, los truenos y la furia de los relámpagos. Otros podrían aparecer no únicamente cerrando los ojos, sino colocando sus manos sobre ellos para taparlos con más seguridad con la finalidad de no presenciar la aniquilación despiadada de la raza humana por la cólera de Dios...

Habría que resaltar también los quejidos de la muchedumbre y su huida de las rocas, aterrorizada de pánico, inmensas ramas de corpulentas encinas cubriendo a personas, zarandeadas en el aire por la rabia impetuosa de los vientos, innumerables botes volcados, varios intactos, otros destruidos, con personas embarcadas, haciendo esfuerzos por escapar con gestos de sufrimiento, presagio de una muerte espantosa. Otras, matándose al sentirse incapaces de aguantar tanta angustia; algunas, arrojándose de las altas rocas, otras estrangulándose con sus propias manos, unas agarradas a sus hijos y asesinándolos con violencia de un golpe; hiriéndose y matándose con sus propias armas, otras de rodillas encomendándose al Señor. Bastantes madres llorando a sus hijos ahogados, de rodillas con sus brazos abiertos y levantados al firmamento, protestando contra la furia de los dioses, con alaridos y gritos; otras apretándoles y desgarrándoles con manos y dedos, devorándoles hasta correr la sangre, en cuclillas con el pecho sobre las rodillas debido a su intensa e inaguantable angustia.

Manadas de animales podrán aparecer, tales como cabras, ovejas, caballos y bueyes acorralados por las aguas, incomunicados y abandonados, aglomerándose en las altas crestas de los montes, ascendiendo a la cima por las laderas, dándose pisotones entre sí y peleando de manera feroz entre ellos, al tiempo que muchos fallecen de hambre por escasez de alimentos.

También podemos dibujar a las aves que, al ya no hallar nada de tierra que no se encuentre inundada por las aguas ni ocupadas por seres vivientes, empiezan a posarse sobre otros animales y los hombres. Igualmente, podemos dibujar un sinfín de animales, cuyos cuerpos ya hinchados, a los que el hambre, sirviente de la muerte, había asesinado, empiezan a surgir de la profundidad de las aguas a la superficie entre el golpeteo de las olas, y sobre ellos, a las aves peleando unas contra otras y rebotando como globos inflados por el aire.

Se observará, por encima de todas estas escenas, el ambiente cubierto de nubes oscuras, rasgadas por el curso cortante de los furiosos relámpagos que iluminan por todos lados las tinieblas más densas y el cielo.

También observaremos entre las corrientes arremolinadas de los vientos un sinfín de bandadas de aves procedentes de países lejanos. En ocasiones parecerán casi imperceptibles, ya que la totalidad de sus movimientos son circulares, unas veces podrán verse de canto todas las aves de una bandada, al tiempo que otras se dejarán ver en toda su amplitud. Formarán en la primera postura una especie de nube poco perceptible, mientras que se irán configurando más en la segunda y tercera, a medida que se aproximen al ojo del espectador. Los más próximos de estas bandadas bajarán con un movimiento inclinado, posándose en los cadáveres arrastrados por las olas de la enorme inundación, que les van a servir de alimento hasta que dejen de flotar los cuerpos inertes hinchados y se vayan hundiendo paulatinamente en lo profundo de las aguas.

Encontramos en una inundación los siguientes elementos: Viento, oscuridad, tormenta en el mar, bosques en llamas, desbordamiento de las aguas, lluvia, centellas, ciudades devastadas, terremotos y montes que se derrumban. Remolinos de viento que empujan agua y ramas de árboles y también hombres. Ramas arrancadas por los vientos chocando entre sí cuando se encuentran con ellos y hombres sobre esas ramas. Arboles rotos cargados de personas, barcos destruidos y lanzados a las rocas, rebaños de ovejas, pedrisco, truenos y relámpagos. Personas en los árboles sin poder mantenerse. Personas en las rocas, torres, colinas, botes, tablas y otros objetos flotantes. Cerros cubiertos de hombres, mujeres y animales, cuya escena es iluminada con los rayos que provienen de las nubes.

II. Comparación entre las diferentes Artes

1. poesía, Pintura y música

El pintor es el amo de todo tipo de cosas y de personas. Si el pintor desea mirar bellezas que le deleiten, en su mano está el crearlas; si quiere presenciar monstruos que sean espantosos, dignos de lástima, ridículos o burlescos, es dueño y señor para hacerlo; si quiere presentar desiertos oscuros y sombríos o regiones despobladas, sitios lejanos desprovistos de calor o sitios cálidos en un clima frío, también lo puede hacer. Si lo desea, en su mano está el crear valles, el desplegar una enorme llanura que se extienda hasta el horizonte del mar contemplada desde la cima de una montaña; asimismo puede mirar, desde el fondo de una llanura, las elevadas montañas... El pintor, de hecho, tiene primero en su mente y después en su mano cuanto hay en el universo, ya sea en su esencia, en la imaginación, en sus apariencias, y todo eso son de tal excelencia, que pueden presentar un conjunto proporcionado y armonioso, pudiéndose presenciar como las cosas de la naturaleza en un solo golpe de vista.

La persona que desprecia la pintura, no ama ni la naturaleza ni la filosofía. Si se siente desprecio por la pintura, que es la única que puede reproducir todas las obras visibles de la naturaleza, indudablemente se desprecia una ingeniosa invención que ayuda a que la filosofía y la especulación sagaz logren actuar sobre la naturaleza en la totalidad de sus formas —hierbas y flores, mar y tierra, plantas y animales—, todas ellas rodeadas de luces y sombras.

Podemos decir con seguridad que la ciencia de la pintura es la legítima hija de la naturaleza, debido a que la pintura nace de esta. Para ser más exactos, la deberíamos llamar la nieta de la naturaleza, porque la naturaleza da a luz todas las cosas visibles, y estas dan a luz a la pintura. En consecuencia, con justicia podemos hablar de ella como la nieta de la naturaleza y como relacionada con el Creador.

A aquellos que no han sido dotados con cualidades naturales no se les puede enseñar la pintura, como ocurre por ejemplo con las matemáticas, en las que el estudiante aprende cuanto le enseña el maestro. No se puede copiar como las cartas, cuyas copias poseen igual valor que el original. Tampoco puede ser moldeada como la escultura, cuya copia fundida es igual a su original en mérito. No se puede reproducir de forma indefinida como se hace en las ediciones de libros.

La pintura es de nobleza extraordinaria; permaneciendo bella y única, solo ella hace honor a su autor; jamás engendra descendencia que la equipare, y esta peculiaridad la hace distinguirse por encima de las demás ciencias, que son reproducidas por todas partes. ¿Acaso no vemos que los grandiosos reyes del Este se visten y tapan porque creen que al exhibirse en público mostrando su figura podría disminuir su forma? ¿No observamos acaso que los cuadros que representan a la Divinidad permanecen continuamente cubiertos con tapices costosos y, antes de descubrirlos, se celebran ritos solemnes con cantos al son de instrumentos musicales? ¿Además no miramos que en el instante de ser descubiertos las inmensas multitudes reunidas allí se postran en el suelo adorando al Creador para solicitarle la salud y la salvación eterna como si estuviese presente en persona la Divinidad?

Nada de esto ocurre con cualquier otra obra humana, y si alguien comenta que esto no se debe al mérito del pintor, sino al tema que se representa, podemos contestar que si esto fuera verdad, los creyentes podrían permanecer plácidamente en sus lechos una vez que estaba complacida su imaginación, en vez de asistir a sitios peligrosos y aburridos, como les observamos continuamente en las peregrinaciones. Indudablemente, estaremos de acuerdo en que el motivo es la imagen del Señor y en que no podría producir en ninguna obra escrita un efecto similar a una imagen así en poder o en forma. Por consiguiente, parece que la Divinidad ama su propia pintura y a aquellos que la adoran e idolatran, y prefiere ser venerada en esta manera de imitación que en otras, concediendo a través de ella favores y gracias, de acuerdo con la fe de los que se congregan en ese lugar.

La pintura se puede llamar hermana de la música, porque depende del oído, segundo sentido en categoría, y su armonía surge de la unión melódica de sus partes, que suenan de manera simultánea ascendiendo y descendiendo en uno o más ritmos armoniosos. Podemos decir que estos ritmos circundan la distribución proporcionada de las partes que componen la armonía, igual que el perfil rodea los miembros de los que emerge la hermosura del hombre.

Sin embargo, la pintura es de más categoría y sobresale por encima de la música, debido a que no se evapora tan pronto como nace, cual es la suerte de la infortunada música. Al contrario, perdura y tiene el aspecto de ser una realidad viva, a pesar de que, de hecho, se limite a una única dimensión. Oh ciencia extraordinaria, que es capaz de resguardar la hermosura efímera de los mortales y proporcionarle mayor estabilidad que a las mismas obras de la naturaleza, debido a que se encuentran sometidas a la continua transformación del tiempo que les lleva a un envejecimiento inevitable. Tal ciencia está en igual relación con la divina naturaleza como lo están sus obras con las de la naturaleza, y por esto debe ser idolatrada.

Afirma el músico que su arte es idéntico al del pintor por ser un conjunto compuesto de diversas partes, cuya armoniosa gracia puede ser observada por el espectador en sus armoniosos ritmos que con su incesante nacer y desaparecer embelesa el espíritu interior del hombre. Sin embargo, el pintor responde diciendo que el cuerpo humano, constituido por muchas partes, no provoca placer a través de armoniosos ritmos, en los que la hermosura debe ser cambiante y crear formas nuevas, ni se compone de ritmos que nacen y mueren, sino que él lo hace perdurar por muchos años y en estado tan excelso, que conserva viva su proporción armónica, algo que la naturaleza, con toda su fuerza, no lo puede conseguir. Son numerosas las pinturas que han resguardado la imagen de la preciosidad divina, cuyo original existente en la naturaleza ha sido destruido súbitamente o por el tiempo, de tal manera que la obra del pintor ha logrado sobrevivir en una forma más noble que la de su maestra, la naturaleza.

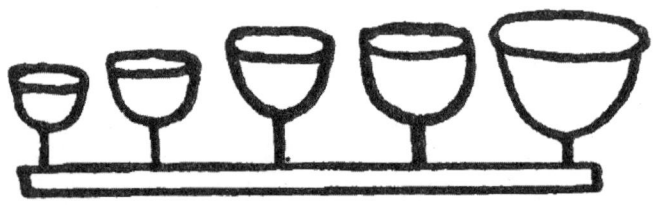

Timbales que se tocan como una flauta
suave o un monocordio.

La música sufre de dos males, uno de los cuales es la pérdida de tiempo, y el otro, su muerte: la pérdida de tiempo reside en su repetición, haciéndola odiosa e indigna; su muerte siempre va vinculada al instante que sigue su expresión.

Existe la misma diferencia entre la representación de la figura del ser humano por parte del poeta y del pintor que entre conjuntos unidos y desunidos. Al describir la belleza o fealdad de cualquier figura, el poeta únicamente la puede mostrar de manera sucesiva, gradualmente, mientras que el pintor la revelará de una sola vez. El método del poeta se puede comparar al del músico, que canta por sí solo una partitura a cuatro voces, cantando inicialmente la parte del soprano, después la del tenor, posteriormente la del contralto y, por último, la del bajo.

Semejantes representaciones no son capaces de reproducir la preciosidad de proporciones armónicas con base en una armónica división del tiempo... El músico, además, al colocar sus suaves melodías en cadenciosos espacios de tiempo, las compone en varias voces. El poeta, por el contrario, se ve privado de esa diferencia armónica de voces y no se siente capaz de proporcionar a su arte una armonía semejante a la de la música, debido a que no le es posible el decir distintas cosas a un mismo tiempo, como lo hace el pintor en sus proporciones armónicas, en que las partes que las constituyen se encuentran dispuestas a reaccionar al mismo tiempo y pueden ser observadas a la vez... El poeta, por estas razones, se encuentra, en la representación de cosas visibles, en una categoría inferior a la del pintor, y muy inferior a la del músico en la de las no visibles.

Si el poeta conoce cómo describir y expresar la perspectiva de formas, el pintor las puede representar de tal manera que aparezcan reavivadas con luces y sombras que dan vida a la expresión de las caras. El poeta, en este aspecto, no puede lograr con su pluma lo que puede obtener el pintor con su pincel.

Y si el poeta comunica sus conocimientos a través del oído, el pintor lo hace a través de la vista, el cual es un sentido más noble. Yo desearía que un excelente pintor representara la violencia de una batalla y un poeta hiciese lo mismo. Cuando las dos se presenten al público, pronto podríamos darnos cuenta cuál de ellas arrastraba más personas, en cuál se suscitaba mayor discusión, cuál era más elogiada y cuál complacía más. Sin ninguna duda, la pintura, al ser mucho más bella e inteligible, gustaría mucho más. Si en una lápida escribimos el nombre de Dios y colocamos su imagen en el lado contrario, en seguida nos daremos cuenta cuál es más idolatrada. En su interior, la pintura abarca la totalidad de las formas de la naturaleza, mientras que si solo tienen los nombres, estos no son universales como lo es la forma. Si ellos tienen el resultado de unas demostraciones, nosotros tenemos la demostración de los resultados. Como ejemplo tomemos el caso del poeta que describe a su amante la hermosura de una mujer, y el del pintor que la dibuja. De este modo se podrá comprobar por cuál de ellas el amante se inclina más. Indudablemente, la última prueba de este asunto debe dejarse al dictamen de la experiencia.

Los escritores encuadran a la pintura entre las artes mecánicas. Probablemente si los pintores hubiesen puesto empeño como los escritores en enaltecer sus obras, dudo mucho que ese calificativo tan bajo hubiese perdurado.

Si denominan arte mecánico a la pintura porque son las manos las que dibujan eso que existe en la mente, también los escritores escriben con la mano las ideas nacidas de su imaginación. Y si debido a que se pinta por dinero la llaman mecánica, ¿quién padece más de este error (si es que se puede llamarse error), que ustedes los escritores? Si dan una conferencia con la finalidad de enseñar, ¿no la dan acaso a quien les paga mejor? ¿Acaso hacen sin que les paguen algún trabajo? Con todo, al comentar esto no trato de culparles de tales puntos de vista, ya que todo trabajo exige una recompensa. Y si un poeta dice que relatará algo muy significativo, yo digo que las obras del calderero son todavía más duraderas, debido a que duran más tiempo que las de los escritores y pintores; no obstante, revelan muy poca imaginación. Puede hacerse, además, que una pintura dure más tiempo si se dibuja con colores en esmalte.

Por nuestro arte, los pintores podemos llamarnos los nietos de Dios, el Creador.

Si la poesía habla de filosofía moral, la pintura está asociada a la filosofía natural. Si la poesía manifiesta lo que la mente piensa, la pintura manifiesta lo que la mente piensa tal como los movimientos corporales lo reflejan.

Si la poesía consigue aterrorizar a las personas con imaginativas descripciones del infierno, la pintura lo puede hacer con muchísima más fuerza colocando esas mismas cosas delante de los ojos. Imaginemos que se lleva a cabo un concurso entre un pintor y un poeta para representar la hermosura, el terror o algo bajo y monstruoso; el trabajo del pintor conseguirá mayor satisfacción. ¿Acaso no hemos observado cuadros tan similares a algo real que han logrado engañar tanto a animales como a hombres?

De cómo, debido a su conexión con la sutil especulación, la pintura aventaja a todas las obras del hombre.

El ojo, al que denominamos la ventana del alma, es el principal medio por el que la inteligencia logra apreciar las obras de la naturaleza del modo más profundo y completo; el oído es el segundo, el que, escuchando las cosas que el ojo ha mirado, obtiene dignidad. Si los matemáticos, poetas o historiadores no hubiesen mirado los objetos con sus ojos, sus reportajes escritos sobre ellos necesariamente serían imperfectos. Y si los poetas relatan con su pluma un hecho, el pintor los puede narrar con su pincel de un modo más sencillo y pleno y con un estilo menos complicado para comprenderlo. Si a la pintura se le calificase de poesía muda, el pintor puede calificar de pintura ciega a la poesía. Entonces, pensemos cuál de los dos es un defecto mayor, si el ser mudo o ciego. Y a pesar de que tanto el poeta como el pintor son libres para imaginar soñadoramente sus temas, las creaciones de aquel no complacen al hombre tanto como las del pintor; porque aunque la poesía trata de describir las formas, los acontecimientos y lugares con palabras, el pintor intenta reproducirlos haciendo que sean similares. Por consiguiente, pensemos cuál de los dos se encuentra más cerca del hombre real, si el nombre de la persona a su propia imagen. Al pasar de un país al otro, el nombre de la persona cambia; no obstante, únicamente la muerte cambia su forma.

Cuando el rey Matías cumplió años, un poeta le regaló un poema compuesto en celebración de este suceso considerado por él como feliz para la humanidad; un pintor le entregó el mismo día un retrato de su querido rey. El rey cerró rápidamente el libro del poeta y volviéndose hacia el cuadro fijó la mirada en él con mucha admiración. El poeta entonces protestó con indignación: "¡Oh, rey, lee y conocerás cosas mucho más importantes que las de un cuadro mudo!". Y el rey, herido por la recriminación de admirar un objeto mudo, dijo: "Poeta, guarda silencio; no sabes lo que estás diciendo; esta pintura se encuentra al servicio de un sentido más noble que tu poesía, la cual podría estar destinada a un ciego. A mí dame una cosa que yo pueda mirar y tocar, no simplemente algo que pueda escuchar, y no recrimines mi elección al colocar tu libro bajo mi brazo y coger el cuadro con mis dos manos para que mi mirada disfrute; las manos fueron las que de propio acuerdo tomaron la decisión de no servir al sentido del oído y sí al sentido más noble. Yo opino que el arte del pintor se encuentra por encima del arte del poeta, debido a que el sentido al que sirve el pintor es más noble. ¿No te das cuenta acaso de que el espíritu está hecho de armonía y que la armonía se crea únicamente cuando las proporciones de las cosas se miran o escuchan a la vez? ¿Y no te das cuenta acaso que en tu arte no hay una reacción simultánea de proporciones, sino que una parte produce de manera sucesiva a la otra de tal manera que la última no aparece hasta que la anterior no se ha esfumado? En mi opinión, por todo esto la obra que has compuesto está muy por debajo de la del pintor, por el único motivo de que no se trata de una composición de proporciones armónicas. No complace la mente del espectador o del oyente como lo hacen las proporciones de hermosas formas que componen la belleza divina de esta cara que tengo frente a mí, la cual, al ser un todo combinado que reacciona de manera sincrónica, me aporta, con sus divinas proporciones, tan enorme placer, que pienso que no existe otra obra humana en el mundo que me pueda proporcionar un placer más grande".

2. ESPACIO Y TIEMPO

En todas las cosas existe la proporción.

La proporción no solamente se encuentra en las medidas y números, sino también en los tiempos, espacios, sonidos y pesos, y en cualquier tipo de energía que pueda haber.

Vamos a definir el tiempo comparándolo con definiciones geométricas. El punto no posee ninguna parte; el tránsito de un punto es una línea; los puntos representan los límites de unas líneas.

Un momento no posee tiempo alguno; el tiempo se encuentra formado por el movimiento del momento, y los límites del tiempo son los momentos.

A pesar de que el tiempo se clasifica entre las magnitudes continuas, al ser no visible y no material, no cae completamente bajo el apartado de la Geometría, la que representa las partes a través de figuras y cuerpos de infinita variedad, como se puede calcular en el caso de objetos materiales y visibles, pero las ordena de manera armónica basándose exclusivamente en sus principios iniciales, que son el punto y la línea. Mirado en términos de tiempo, el punto puede compararse con el momento, y podemos decir que la línea es parecida a la duración de una cantidad de tiempo. E igual que los puntos son el principio y el fin de las mencionadas líneas, de esa manera los momentos componen el inicio y el final de cualquier período de tiempo. Y mientras que una línea se puede dividir hasta el infinito, un período de tiempo no se adapta a esa división; y de la misma forma que las divisiones de una línea se pueden hacer con cierta proporción entre sí, asimismo se puede hacer con las partes del tiempo.

3. ESPACIO Y SONIDO

Igual que una piedra lanzada al agua se transforma en el centro y en el principio de muchos círculos, y como el sonido se propaga en círculos por el viento, asimismo cualquier objeto, situado en un ambiente luminoso, se difumina en círculos y llena el aire que está alrededor con infinitas imágenes de sí mismo.

Yo asevero que el sonido del eco, después de haber chocado, repercute en el oído, igual que las imágenes de los objetos se reflejan en los ojos después de chocar en los espejos. E igual que la imagen va del objeto al espejo y del espejo al ojo en ángulos iguales, de esa manera el sonido choca y rebota en ángulos iguales al pasar desde el choque inicial en la cavidad y se dirige al encuentro del oído.

Durante un tiempo, cada una de las sensaciones perdura en el objeto sensible que la recibe y esa que es de mayor intensidad continuará en el receptor por un espacio mayor de tiempo, mientras que lo hará por menor tiempo la de una intensidad menor...

La impresión sensitiva es igual que la de un golpe que se recibe en una sustancia que resuena como campanas o algo similar; o como una nota que se recibe en el oído, el cual, indudablemente, jamás conseguiría algún placer al escuchar una ola voz, a no ser porque puede retener la impresión de las notas, debido a que al pasar directamente la impresión de la primera nota a la quinta el efecto es igual que si uno escuchase las dos notas al mismo tiempo, y de esa manera se percibe la auténtica armonía que la primera hace con la quinta; al contrario, si la impresión de la primera nota no perdurase en el oído por un período de tiempo, la quinta, que sigue de inmediato a la primera, parecería separada, y una sola nota no es capaz de crear armonía, por lo que parecería desprovista de sentido toda nota cortada sola.

El brillo del sol o de cualquier otro cuerpo luminoso permanece, de forma similar, en el ojo por algún tiempo después de haber sido observado, y el movimiento de un solo tizón ardiente dando vueltas velozmente en un círculo parece un círculo de llama uniforme y continua.

También las gotas de lluvia dan la impresión de ser hilos continuos que bajan de las nubes, lográndose apreciar igualmente aquí cómo el ojo conserva las impresiones de las cosas que están en movimiento.

A través del aire se graba la voz, pero sin que se traslade el aire; choca en las cosas y vuelve al punto inicial.

Respecto a su distancia del ojo, el pintor mide en grados la lejanía de las cosas, igual que el músico mide los intervalos de las voces que el oído percibe: a pesar de que las cosas que el ojo mira se tocan entre sí a medida que se van distanciando, yo he hallado mi norma de una serie de intervalos, de los que cada uno que mide veinte brazos, justamente igual que el músico, quien, a pesar de que las voces se encuentren unidas entre sí, ha creado intervalos de acuerdo a la distancia de una voz a otra, a los que denomina unísono, segunda, tercera, cuarta, quinta y así de manera sucesiva, hasta llamar los diferentes grados de tonos propios de la voz del hombre.

4. Escultura y Pintura

*Comparación entre la escultura
y la pintura.*

La pintura exige más habilidad y cuidado y es un arte mucho más extraordinario y magnífico que la escultura, debido a que la mente del pintor debe penetrar obligatoriamente en el sentido de la naturaleza para constituirse en intérprete entre el arte y ella. Tiene que ser capaz de explicar las causas que existen bajo las apariencias de sus leyes y la forma como la similitud de los objetos que se encuentran alrededor del ojo están en la pupila transmitiendo la auténtica imagen; debe notar la diferencia entre diversos objetos del mismo tamaño que van a aparecer al ojo como más grandes; entre iguales colores que unos parecerán más oscuros y otros más claros; entre objetos que situados todos a igual altura, algunos van a parecer más altos; entre objetos similares que al ser situados a distinta distancia aparecerán unos más claros que los demás.

Todas las cosas visibles son abarcadas por el arte de la pintura, algo que no logra la escultura debido a sus limitaciones, como, por ejemplo, la transparencia de las cosas y los colores de todos los objetos en su distinta intensidad. Simplemente, el escultor muestra la forma de las cosas al natural, sin ningún artificio. El pintor puede sugerir la existencia de distintas distancias cambiando los colores del ambiente que se interpone entre el ojo y el objeto. Puede dibujar nieblas a través de las cuales las formas de las cosas pueden ser apreciadas con dificultad; lluvia a través de la cual se distinguen montes coronados de nubes y valles; nubes de polvo arremolinándose sobre los guerreros que las levantaron; arroyos de distinta transparencia con peces moviéndose entre el fondo y la superficie del agua; guijarros muy lisos de diferentes colores depositados en la arena limpia del cauce del río, teniendo alrededor plantas verdes que brotan bajo la superficie del agua. El pintor puede mostrar las estrellas a diferentes alturas por encima de nosotros y llevar a cabo otros ¡infinitos efectos a los que no puede aspirar la escultura!

El escultor no puede representar materias
luminosas o transparentes.

Del mismo modo que el ojo no podría percibir las formas de los cuerpos dentro de sus límites si no fuese por las luces y sombras, igualmente no habría muchas ciencias de no haber luces y sombras, la astronomía, como la pintura, gran parte de la perspectiva, la escultura y otras.

Se puede probar el hecho de que el escultor no pueda trabajar sin la ayuda de luces y sombras, dado que sin ellas sería de un único color toda la materia labrada. Una superficie plana alumbrada por una luz permanente, en punto alguno de su color natural no varía en oscuridad ni en claridad, y la que revela la uniforme suavidad de la superficie es esta uniformidad de color. Se deduce de esto que si el material labrado no se encontrara revestido de sombras y luces, originadas estas por la interposición de protuberancias de huesos y músculos, el escultor sería incapaz de percibir el avance continuo de su trabajo, lo que es esencial, porque de otra manera parecería que había sido hecho en la oscuridad nocturna lo que hace durante el día.

Con respecto a la pintura.

No obstante, la pintura presenta sobre las superficies planas, a través de luces y sombras, contornos con unos lados hundidos y otros elevados en distintas perspectivas y a distintas distancias entre ellas.

El escultor puede reclamar que es una especie de pintura el bajorrelieve, y en lo que respecta al dibujo pude concedérsela, debido a que el relieve es parte de la perspectiva. Sin embargo, en lo concierne a luces y sombras, tanto si se cree como pintura que como escultura, es una equivocación, porque las sombras del bajorrelieve que hay en las partes oblicuas no tienen, naturalmente, la profundidad en su contorno de las correspondientes sombras de la pintura o de la escultura.

La escultura carece de muchas de las cualidades intrínsecas de la pintura y es menos intelectual que ella.

Como quiera que yo practico el arte de la escultura y de la pintura en igual grado, considero que puedo opinar de manera imparcial sobre cuál de las dos lleva consigo mayor perfección, habilidad y dificultad.

Primeramente, una estatua depende de ciertas luces, fundamentalmente de las que la alumbran desde arriba, mientras que un cuadro tiene consigo, en todas partes, su propia sombra y luz. Sombras y luces son vitales para la escultura, y la naturaleza del relieve es una ayuda en este aspecto para el escultor al producirlas de manera espontánea; el pintor, al contrario, debe crearlas con su arte en esos lugares en los que la naturaleza lo haría de forma normal.

El escultor no debe marcar las diferencias entre los distintos colores naturales de las cosas; por el contrario, el pintor lo hace siempre en cada uno de los detalles. Las líneas de perspectiva de los escultores no parecen reales de ninguna manera; pero las de los pintores pueden parecer que se extienden cien millas más allá del mismo cuadro. Fuera del campo de trabajo de los escultores caen los efectos de la perspectiva aérea; no pueden representar, además, cuerpos luminosos, reflejos o transparentes; ni cuerpos relucientes, como, por ejemplo, espejos u cosas de superficie resplandeciente; ni nieblas, ambiente oscuro o un sinnúmero de objetos que no nombro para no caer en el hastío.

La mayor resistencia al tiempo es la única ventaja que ofrece la escultura...

La pintura es más imaginativa, rica en recursos y más hermosa, mientras que la escultura, pese a ser más duradera, no se destaca en ningún otro aspecto.

La escultura, sin apenas esfuerzo, nos muestra lo que es; por el contrario, la pintura se presenta como un hecho milagroso que hace parecer como alcanzables las cosas no tangibles, muestra cosas que son lisas en relieve y cosas próximas como alejadas.

La pintura, de hecho, dispone de un sinfín de posibilidades de las que carece la escultura.

III. Planificación Arquitectónica

Un arco, ¿qué es?

Un arco no es más que una fuerza generada por dos partes débiles, ya que los arcos de los edificios se encuentran constituidos por dos segmentos de un círculo, cada uno de los cuales, al ser muy frágil, tiene la tendencia a caer, pero como cada uno frena la caída de otro, ambos lados frágiles se transforman en una sola fuerza.

El peso de los arcos y su naturaleza.

Después que el arco ha sido construido permanece en un estado de equilibrio, debido a que un lado empuja al otro, de la misma manera como este empuja a aquel; pero si pesa más que el otro uno de los segmentos del círculo, la estabilidad se rompe, porque el que menos pesa será dominado por el más pesado.

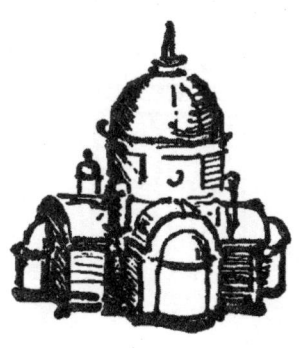

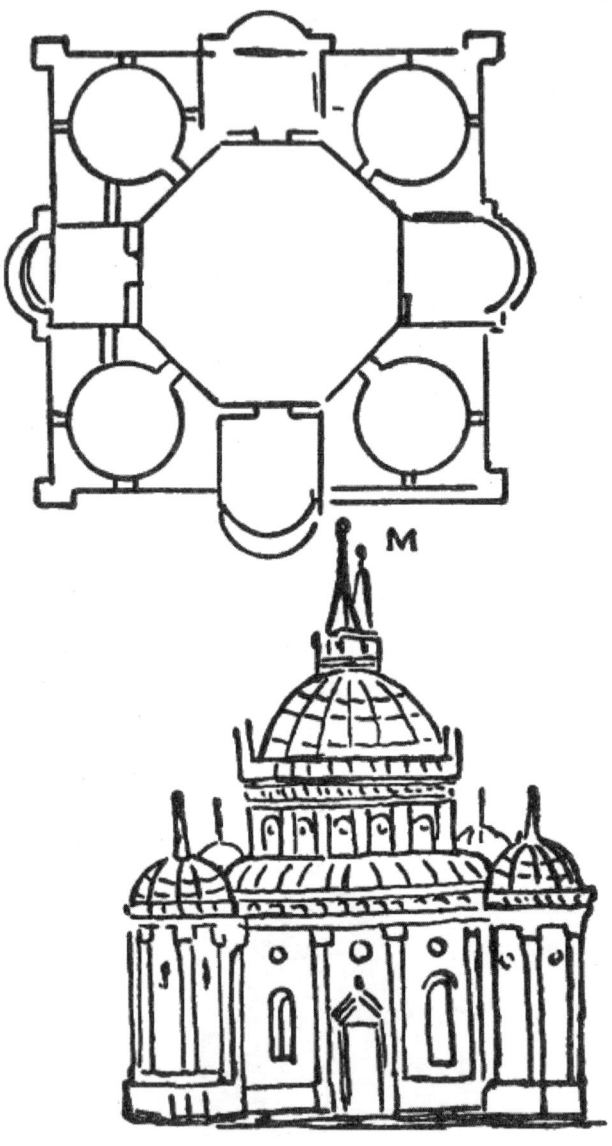

M

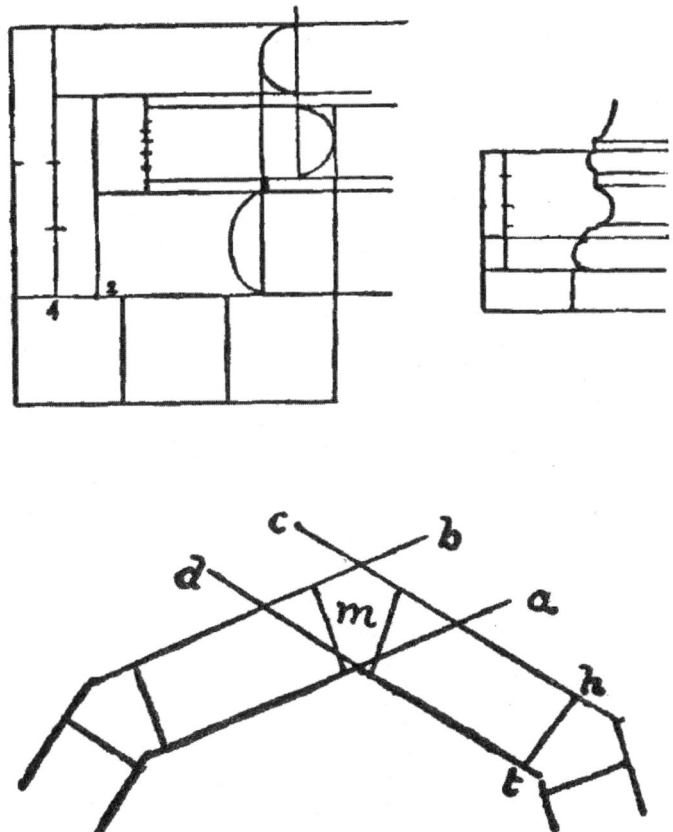

En este dibujo se puede observar cómo los arcos erigidos en el lado del octógono empujan hacia fuera los estribos de los ángulos, tal como lo señalan las líneas HC y TD, que están empujando la parte M hacia fuera; esto es, tienden a lanzarlo fuera del centro del octógono.

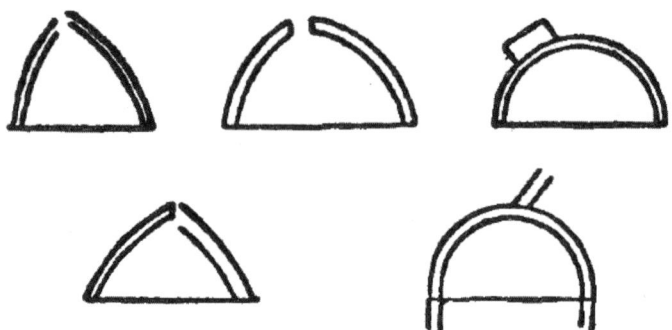

Se puede hacer un experimento para demostrar que el peso que se pone sobre un arco no recae totalmente sobre sus columnas, sino que, al contrario, cuanto mayor sea el peso que se pone sobre los arcos tanto menor es el peso que transmite el arco a las columnas. A continuación se explica el experimento: se sitúa a un hombre en una balanza en el centro del eje de un pozo; seguidamente extiende sus manos y piernas entre las paredes del pozo y se puede observar que en la balanza pesa mucho menos. Colocándole un peso sobre los hombros, se puede apreciar, gracias a este experimento, que cuanto mayor sea el peso que se le coloque, mayor será la fuerza con que va a estirar brazos y piernas, menor el peso en la balanza y mayor la presión sobre las paredes.

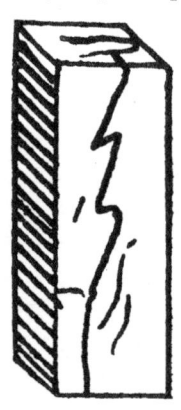

Peldaños para el agua.

Después que la corriente que proviene de las compuertas se
ha vaciado de tal modo que queda debajo del cauce del río después de la última gota, las aguas que proceden de ellas jamás
arrastrarán tierra al rebotar ni formarán una cavidad al pie de la
orilla, y de esta manera no llegan a formar nuevos obstáculos,
sino que continuarán el curso transversal, por el lado de abajo,
a lo largo de la extensión de la base de la compuerta. Más aun,
si el lado más bajo del dique que se dispone de forma diagonal
a la corriente del agua fuese edificada con profundos y amplios
peldaños como una escalera, las aguas que corrientemente caen
de forma perpendicular en su caída y socavan los cimientos del
cauce, serán incapaces de descender con una fuerza tan grande.
Puede observarse como ejemplo de esto la escalera por la que
desciende el agua de las praderas de Sforzesca, en Vigevano, debido a que la corriente de agua desciende desde una altura de
cincuenta brazos.

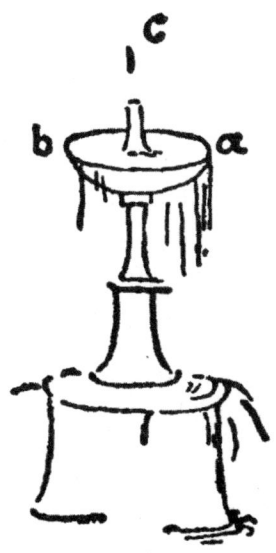

Se debe hacer que el agua baje desde todos los lados del círculo AB.

Planificación de la ciudad

Las calles deben poseer un ancho idéntico a la altura media de todas las casas.

Las calles del piso alto deben tener seis brazos más de altitud que las calles del piso bajo. Cada calle debe tener veinte brazos de ancho, con una caída, desde las orillas al centro, de medio brazo. Por cada brazo de longitud, en el centro de la calle debe existir una abertura de un brazo de largo y de un dedo de ancho, a través de la cual el agua pueda salir hacia los orificios hechos en las calles de abajo. Debe haber una arcada de seis brazos de anchura descansando sobre columnas en cada uno de los lados de esta calle inferior.

Si alguien quiere cruzar por las calles del piso alto todo el lugar, lo podrá hacer igual que si quiere transitar por las calles de abajo. Las calles de arriba no deben ser utilizadas por carros u otro tipo de vehículos, sino que son únicamente para los peatones. Todos los carros y vehículos de carga que están al servicio de la comunidad deben usar las calles de abajo. Dejando la calle de abajo entre ellas, las casas se dan la espalda entre sí. Las puertas son útiles para introducir las provisiones, tales como vino, madera, entre otras. Los establos, retretes y sitios pestíferos son evacuados mediante pasos subterráneos colocados a una distancia de trescientos brazos desde un arco a los otros. Todos los pasos subterráneos reciben la luz de la calle que pasa por arriba, y debe haber una escalera de espiral en cada arco... En la curva inicial de la escalera debe existir una puerta para acceder a los retretes, y esta misma escalera debe ser útil para descender de la calle de arriba a la de abajo.

Fuera de las puertas de la ciudad comienzan las calles del piso alto, a una altura de seis brazos. Se debe escoger un sitio junto al mar o a un gran río con la finalidad de que las aguas arrastren las impurezas de la ciudad.

Plan de las casas.

Los edificios deberían encontrarse separados en todo su alrededor con el fin de que se observara su auténtica forma.

Una casa debe poseer las siguientes dependencias: un cuarto grande para el dueño, cuarto, cocina, despensa, cuarto para el guarda, vestíbulo y una habitación grande para la familia.

La cocina debe estar entre las dos grandes salas para el señor y para la familia, de tal manera que se pueda servir la comida en ambas mediante anchas y bajas ventanas o a través de tornos. La sala grande destinada a la familia debe estar colocada al otro lado de la cocina para que el dueño de la casa no escuche el ruido.

La esposa debe tener su propio vestíbulo y apartamento aparte del de la familia, con la finalidad de que sus criadas puedan comer, en el mismo vestíbulo, pero en otra mesa. Además del suyo, debe tener dos apartamentos, uno para las criadas, otro para las niñeras y un espacio extenso para que esté muy cómoda. El jardín debe estar en contacto con el establo y su apartamento en comunicación con las demás dependencias.

La persona encargada de la mantequería debería tener la entrada a la cocina detrás de él, con la finalidad de que pueda realizar fácilmente su trabajo; enfrente de la mantequería debe estar la ventana de la cocina para que el encargado pueda sacar la madera. La cocina se debe hacer a propósito para limpiar la vajilla, de tal modo que no se observe cuando es transportada dentro de la casa. A mí me gusta, para cerrar toda la casa, tener una única puerta.

Un molino de agua.

En cualquier momento, yo puedo producir, a través de un molino una corriente de aire; haré que el agua salte burbujeante y fresca en el verano, deslizándose a lo largo de los espacios que hay entre las mesas que se pondrán allí. El canal puede tener medio brazo de ancho, y allí debe haber vasos con vino permanentemente fresco. Por el jardín debe correr otra parte del agua, humedeciendo los limoneros y naranjos cuando lo requieran. Los limoneros estarán en permanente producción, debido a que serán situados de tal manera que se puedan cubrir con facilidad, y a través del calor que produce la época veraniega se mantendrán mucho mejor que a través del fuego, por dos motivos: el primero, porque es natural el calor de los manantiales y del mismo tipo que el que le da calor a las raíces de todas las plantas; el segundo, porque el fuego da calor a las plantas de una manera accidental, está desprovisto de humedad y no es continuo ni siempre igual. Al principio es más intenso que al final, y frecuentemente se apaga debido al poco cuidado de las personas encargadas.

En los pequeños arroyos hay hierbas que deberían ser cortadas frecuentemente para poder mirar en el arenoso cauce la claridad del agua; únicamente se deberían dejar aquellas plantas que son útiles como comida a los peces, tales como los berros y otras similares. El tipo de peces debe ser tal que no oscurezcan el agua, es decir, no debe haber tencas, ni anguilas, ni incluso lucios para comerse los demás peces.

Usando el molino se pueden hacer en la casa muchos conductos de agua, varias fuentes en distintos sitios y un corredor especial por el que, cuando pasa una persona, el agua salta por todos lados desde abajo, y de esa manera siempre puede estar listo para cuando alguien quiera dar una ducha desde abajo a las mujeres o a cualquiera que esté pasando por allí.

Debemos colocar por encima de nuestras cabezas una red sumamente fina de cobre que cubra el jardín, encerrando en su interior distintas clases de aves. De este modo, tenemos el olor de las flores y limoneros, a la vez que disfrutamos de constante música.

Arrancaré incesantes melodías a todo tipo de instrumentos con la ayuda del molino; todo ello mientras continúe moviéndose el molino.

IV. LA EXISTENCIA DEL ARTISTA

El pintor compite y lucha con la naturaleza.

El pintor se debe encontrar solo y reflexionar sobre las cosas que observa, tratando de ellas consigo mismo para escoger lo mejor de lo que observa. Él debe actuar como un espejo que se transforma en tantos otros colores como los de las cosas que tiene frente a él. De este modo, él dará la impresión de ser una segunda naturaleza.

La existencia del pintor en su estudio.

El delineante o el pintor deben estar en soledad con la finalidad de que la excelente vida dada al cuerpo no dañe la de la mente, y principalmente cuando se encuentran metidos en el estudio, y la reflexión sobre cosas que tienen delante de sus ojos constituyen un material que debe guardarse en la memoria con total exactitud. Se es completamente uno mismo mientras se está solo; pero se es la mitad de uno mismo, o tal vez menos, si se tiene un compañero, según sea la indiscreción de su comportamiento; los inconvenientes serán mucho mayores si se tienen más compañeros. A pesar de que se diga: "Yo continuaré mi camino y me concentraré lo mejor que pueda para estudiar los objetos de la naturaleza", yo aseguro que eso no va a dar resultado, porque no se puede menos de prestar atención a su conversación; si somos incapaces de servir a dos amos, cumpliremos con deficiencia nuestro papel de compañeros y peor todavía realizaremos nuestros estudios. Y aunque se asevere: "Me voy a concentrar de tal manera que no escuche sus palabras ni me distraigan, estoy convencido de que los pensamientos van a divagar. Únicamente haciendo lo que he dicho se logrará estar solo, y si se requiere compañía, se debe intentar hallarla en el estudio... Este puede ayudar a obtener ventajas derivadas de distintos métodos. Puede ser muy dañina cualquier otra compañía.

Los cuartos o salas grandes distraen la mente; los pequeños, la concentran.

Rechazo de la aseveración de que los pintores en los días festivos no deben trabajar.

Para aprender a conocer al Creador de todas las cosas magníficas y maravillosas el camino es la pintura, y para amar a ese gran inventor este es el camino. Porque, indudablemente, el inmenso amor surge del conocimiento pleno de lo amado, y si esto no se conoce, lo podrás amar, pero con poco o ningún amor. Y si se le ama debido a los beneficios que se espera obtener de él, se parecen al perro que menea su cola saludando y saltando sobre el hombre que le puede entregar un hueso. Pero si el perro conociera y fuese capaz de entender la virtud de ese hombre, sería mucho mayor su amor.

La existencia del pintor en su país.

Un pintor requiere de aquellas matemáticas que son parte de la pintura y el apartarse de esos compañeros que no concuerdan con su estudio. Su mente debería tener capacidad de adaptación a toda esa gama de objetos que se presentan frente a él y debería estar libre de las demás preocupaciones. Si mientras considera y soluciona una cuestión se le presenta otra, como ocurre frecuentemente cuando la mente se encuentra ocupada con un objeto, debe decidir cuál de los dos casos es más difícil de solucionar y dedicarse a él hasta que quede totalmente claro, y a continuación se puede dedicar a solucionar el otro. Debe tener, sobre todo, su cerebro tan claro como la superficie de un espejo, el que se convierte en tantos colores como poseen los objetos.

Los estudios de los compañeros se deben parecer a los suyos, y si no puede hallar alguno, no ha de encontrar compañía más ventajosa.

Acerca del estudio antes de dormir por la noche o al despertar.

Por propia experiencia he descubierto que mientras uno se encuentra acostado en la oscuridad no poco ayuda el repasar con la imaginación el boceto de las figuras que uno ha estado estudiando o el esquema de otros objetos dignos de atención, nacidos de la reflexión; este ejercicio es digno de elogio y sirve mucho para fijar en la memoria las cosas.

El cerebro del pintor debe ser igual que un espejo, que en todo instante toma el color del objeto que refleja y está colmado de las imágenes de las cosas que tiene delante de él. Por lo tanto, hay que convencerse, que uno no puede llegar a ser un excelente pintor a no ser que sea maestro universal en copiar con el arte todo tipo de figuras producidas por la naturaleza, y esto se ignorará cómo hacerlo si antes no se miran y retienen en la memoria. De manera que se debe prestar atención a los distintos objetos en los paseos por el campo. Ahora contemplen uno y después otro, reuniendo de esa forma un conjunto escogido de hechos seleccionados entre los de menos valor. No se debe hacer como algunos pintores, que cuando se sienten fatigados hacen ejercicio paseando para relajarse y apartan sus pensamientos del trabajo; no obstante, mantienen su mente en una actitud tal de hastío que no les permite entender los objetos que observan; al contrario, cuando son saludados por los amigos y familiares que encuentran en su camino, aunque los miren y les escuchen, no obtienen más conocimiento de ellos que si se tropezasen con el aire.

¿Qué es lo que nos mueve a alejarnos de nuestra casa de la ciudad, a dejar nuestros familiares y amigos y dirigirnos a las montañas, a los valles y al campo, a no ser por la hermosura del mundo de la naturaleza, que, si se piensa bien, únicamente puede disfrutarse a través del sentido de la vista? Además, teniendo en cuenta las pretensiones que tienen los poetas de competir con los pintores, ¿por qué no usan las descripciones que el poeta hace de los paisajes y permanecen en casa, sin exponerse al inmenso calor del sol? ¿No sería menos fatigoso y más sencillo, dado que se puede permanecer en un sitio fresco sin exponerse a la enfermedad y sin necesidad de moverse? No obstante, el alma no podría disfrutar de los placeres que le llegan a través de los ojos, que son como las ventanas de su hogar. No podría recibir los reflejos de sitios resplandecientes; no podría observar los oscuros valles regados por ríos ondulados, ni la inmensa variedad de flores que con sus distintos colores forman conjuntos armónicos para la vista, ni tampoco las demás cosas que se presentan frente a los ojos. Pero si en un día de inclemente invierno, un pintor muestra sus cuadros de cualquiera de los paisajes en los que disfruta un día junto a una fuente y en los que nuevamente se puede sentir entre praderas florecientes igual que un amante junto a su amada bajo las frescas y suaves sombras de los árboles, ¿esto no produciría más placer que el simple hecho de escuchar la descripción de esta escena realizada por el poeta?

El instante de elegir los objetos para el estudio.

Los jóvenes estudiantes deberían consagrar las tardes invernales a estudiar las cosas preparadas durante la época estival; esto es, después de reunidos todos los dibujos al desnudo realizados en el verano, y escogidos de entre ellos los mejores cuerpos y miembros, deberían dedicarse a memorizarlos y practicar.

Acerca de las actitudes.

Posteriormente, en el siguiente verano, deberían escoger a una persona bien proporcionada, de rasgos muy peculiares y cuya figura, por consiguiente, no haya perdido su prestancia natural, haciéndole ejecutar ciertos movimientos con elegancia y gracia. Si en el contorno de las extremidades los músculos no aparecen con claridad, eso no importa; es suficiente con obtener adecuadas posturas del modelo, y se pueden corregir las extremidades con las que han sido estudiadas durante el invierno.

Acerca de la forma de aprender apropiadamente cómo anotar en cuadros históricos conjuntos de imágenes.

Después que se han memorizado todas las formas y partes de los objetos y se ha aprendido muy bien perspectiva, se debería salir para mirar y considerarla frecuentemente, a la vez que se da un paseo, las circunstancias y comportamientos de los hombres cuando estos conversan, discuten, ríen se golpean entre sí; las acciones de esos mismos hombres y las de los espectadores que intervienen u observan.

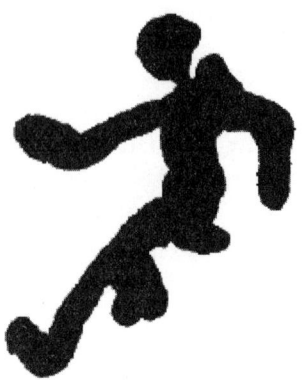

Con rasgos rápidos, se debe tomar nota de todas ellas en un cuaderno pequeño que siempre se debe llevar consigo. Se debe tratar de hacerlo a tinta y cambiar el viejo cuaderno por uno reciente, con la finalidad de que no se borre, porque estas notas no se deberían borrar, sino guardarse con sumo cuidado debido a que las formas y posiciones de las cosas son tan infinitamente diversas, que la memoria no es capaz de retenerlas. En consecuencia, se deben guardar las notas como maestras y guías.

Acerca de las ventajas de pintar acompañado
por otras personas.

Yo aseguro con insistencia que el pintar en compañía de otras personas es mejor que hacerlo solo, por muchos motivos. Primeramente, porque si se tiene decoro se sentirá vergüenza de ser observado por los demás pintores, y este sentimiento de vergüenza conducirá a estudiar bien; después, una envidia sana va estimular, a equiparar a los que son más elogiados que uno, debido a que punzará el halago hecho a los demás; se puede aprender siempre de los que pintan mejor que uno, y si uno lo hace mejor que los otros, se puede beneficiar despreciando sus errores, sirviéndote de incentivo el halago de los otros para empeñarte más.

Acerca de la crítica sobre las propias pinturas.

Todos conocemos muy bien que los errores se descubren mejor en las obras ajenas que en las propias, y frecuentemente por criticar pequeños errores en los demás, podemos pasar por alto nuestros enormes fallos. Debido a esto, al dibujar, siempre deberíamos tener un espejo plano para observar frecuentemente el trabajo reflejado en él. De este modo, al mirarlo invertido, nos va a parecer el trabajo del otro pintor, y nos será más sencillo descubrir sus errores. Es conveniente también el interrumpir el trabajo de vez en cuando con el fin de relajarse un poco, porque al volver a comenzarlo nos vamos a sentir en mejores condiciones de calificarlo y, en gran manera, el trabajo ininterrumpido nos puede alucinar. Asimismo, es bueno el contemplarlo desde cierta distancia, debido a que va a parecer más pequeño y nuestros ojos lo pueden apreciar de un golpe de vista, descubriendo con más facilidad en los bordes y colores de los objetos la ausencia de armonía y proporción.

Igual que el cuerpo humano, si actúa con enorme lentitud, provocada por la duración del movimiento opuesto, toma mayor distancia y, por ende, golpea más fuerte, mientras que si el movimiento es corto, posee menos fuerza; de esa manera el estudio de una misma materia llevado a cabo en intervalos largos de tiempo hace que el juicio sea más capaz de reconocer sus propios errores y sea más perfecto. Igual ocurre con la mirada del pintor al apartarse de su cuadro.

Acerca de cómo escoger rostros bellos.

En mi opinión, la gracia del pintor para dar a sus figuras un aire agradable no es de poca importancia. Si no ha sido dotado de esa manera por la naturaleza, la puede obtener del modo siguiente con base en el estudio: Debe tratar de observar a su alrededor y retener las mejores partes de muchos rostros cercanos, cuya belleza es conocida más por la opinión pública que por la suya; debido a que se puede engañar a sí mismo eligiendo rostros que son parecidos a los suyos, pensando que tal semejanza nos gusta. De esta manera, si eres feo, escogerás rostros no muy bellos y, en consecuencia, dibujarás rostros feos igual que lo hacen muchos pintores. Frecuentemente los modelos del maestro se parecen a él; elijamos, por lo tanto, las hermosuras siguiendo mi recomendación y retengámoslas en la cabeza.

De cómo elegir la luz más adecuada para
dar gracia a los rostros.

Es apropiado el disponer de un patio en el que la luz se pueda cubrir con un toldo. Si se desea realizar un retrato, se debe hacer al caer la tarde o en tiempo nublado, situando con la espalda hacia una de las paredes del patio a la persona que se retrata. Se deben fijar en los rostros de los hombres y mujeres cuando el tiempo está nublado o cuando se encuentran en las calles a la caída del sol, e intentar percibir su suavidad y delicadeza. El pintor, en consecuencia, debe disponer de un angosto tejadillo que salga de las paredes y de un patio con paredes pintadas de negro. El tejadillo debe tener diez brazos de alto, veinte de largo, y diez de ancho, y cuando resplandece el sol debe estar cubierto con un toldo. Debe, de lo contrario, dibujar un retrato cuando el tiempo esté nublado o al atardecer; esa es la perfecta iluminación.

Normas que deben darse a los muchachos que aprenden a dibujar.

Sabemos a la perfección que la visión es una de las acciones más veloces que existen, y en un solo momento observamos infinitas formas; no obstante, en cada instante únicamente captamos una cosa.

Imaginemos que miramos rápidamente toda esta página escrita y velozmente notamos que está llena de letras, pero en ese momento no se puede distinguir qué letras son ni sus significados. Debido a esto, necesitamos ir leyendo línea por línea, palabra por palabra, para ser capaces de comprender las letras. Asimismo, si queremos subir a la parte más alta de un edificio, tenemos que subir peldaño por peldaño; de otro modo, no nos será posible llegar arriba. De esa manera, a quienes la naturaleza ha hecho que se consagren a este arte, les recomiendo que si quieren conocer las formas de las cosas, comiencen por sus detalles y hasta que no hayan fijado en la memoria y en la práctica el primero, no pasen al segundo. Si actúa de otra forma, perderá el tiempo, o con toda certeza durará mucho más tu trabajo. Igualmente, no olvidemos que en un primer instante deben adquirir destreza más bien que velocidad.

La velocidad de la realización debe estar después de la destreza.

Si queremos aprovechar bien nuestro estudio para llegar a ser un excelente pintor, habituémonos a trabajar lentamente cuando pintemos, diferenciemos en las luces esas que tienen más brillo, y en las sombras, esas que son más oscuras, descubriendo la forma en la que se unen entre sí. También fijémonos en la proporción relativa de cada una y en sus dimensiones; observemos la dirección que toman los perfiles, qué parte de las líneas es curva hacia un lado u otro, dónde son más puntiagudos y dónde son finos o anchos; por último, observemos que las luces y sombras se combinan igual que el humo sin bordes o rasgos bruscos. Después que la mano y la mente han sido instruidas con esta diligencia, antes de que uno lo note habrá logrado velocidad en la realización.

Estas normas se deben poner en práctica únicamente al probar las figuras, debido a que todo ser humano comete cientos de equivocaciones en sus primeras composiciones, y no puede menos que corregirlos quien cae en la cuenta de ellos. En consecuencia, al darse cuenta de ellos intentemos revisar el trabajo y corregir sus errores allí donde estén, procurando no caer en ellos otra vez. Pero si al componer tratamos de poner en práctica estas normas, serán causa de confusión en el trabajo y jamás empezaremos.

Estas normas tienen como fin el que obtengamos un criterio libre y apropiado, porque un buen criterio se forma con base en un conocimiento claro; un razonamiento hecho con normas seguras origina un claro conocimiento, y las normas seguras son las hijas de una experiencia sólida —la madre común de todas las artes y ciencias—. De manera, teniendo en cuenta mis normas, vamos a ser capaces, por el simple hecho de cambiar la manera de juzgar, de discernir y descubrir todo aquello que en la obra es proporcionado, ya sea en la perspectiva, en las figuras o en las demás cosas.

Muchas de las personas que no han estudiado la teoría de la perspectiva y la de luces y sombras, observan la naturaleza y la reproducen, de esta manera logran cierta práctica sencillamente copiando, sin analizar y estudiar de forma más profunda la naturaleza. Hay gente que contempla los objetos de la naturaleza a través de un papel transparente, un velo, o un vidrio, realizando marcas sobre la superficie transparente y después ajustan sus esbozos modificándolos aquí y allá, para adaptarlos a las leyes de la proporción, introduciendo el claroscuro, poniendo en posición los tamaños y formas de luces y sombras. Estas técnicas pueden ser dignas de elogio en aquel que conoce cómo representar los efectos de la naturaleza a través de su imaginación y únicamente las usa para cometer errores y para evitar el menor fallo, cuando se trata de una imitación exacta de una cosa que necesita ser copiado con precisa fidelidad; al contrario, deben ser reprochadas en aquel que sin ellas no puede realizar retratos ni puede analizar con criterio, debido a que con esta flojera inutiliza su inteligencia y sin esos aparatos jamás será capaz de crear nada meritorio.

Gente de esta clase siempre será pobre y débil en lo que se refiere a composiciones históricas o trabajo imaginativo.

El pintor que dibuje fundamentado en el dictamen de sus ojos y en la práctica sin usar su criterio es como un espejo, que reproduce lo que aparece frente a él sin tener ningún conocimiento de ello.

Los que prescinden de la experiencia porque están enamorados de la práctica son iguales que el piloto que sube al barco sin compás o timón, y jamás saben hacia dónde va. Siempre, la práctica se debe fundamentar en una teoría sólida, de la cual la guía y la entrada es la perspectiva, y sin ella no puede hacerse nada con perfección en cualquier tipo de dibujo.

De por qué el pintor, a no ser que sea universal, no merece ser elogiado.

Tenemos que admitir con sinceridad que muchas personas que califican a un pintor, que únicamente dibuja bien la cabeza o la figura, de "gran maestro", se engañan a sí mismas. Indudablemente, no es ninguna hazaña el llegar a llevar a cabo una cosa con perfección, a costa de consagrar la existencia entera al estudio de ella. A partir del instante en que sabemos que la pintura abarca y contiene en sí misma todo lo que produce la naturaleza o es resultado de la acción casual del ser humano, es decir, todo aquello que puede ser apreciado por la vista, estoy seguro de que no es un buen maestro aquel que únicamente realiza bien una sola figura. ¿No nos damos cuenta acaso de cuántas y diversas son las acciones ejecutadas exclusivamente por los hombres? ¿No observamos que hay una inmensa variedad de animales, flores, plantas y árboles? ¿No vemos una enorme variedad de llanuras y zonas montañosas, de ríos, fuentes, ciudades con edificios privados y públicos, instrumentos adecuados para el uso del hombre de acuerdo con las diferentes artes, decoraciones y costumbres? Todo aquel a quien se quiere calificar de buen pintor debe representar todas estas cosas con la misma perfección y facilidad.

De por qué, una persona no debe confiar en obras importantes exclusivamente en su memoria hasta llegar a despreciar el pintar directamente la naturaleza.

Todo maestro que ose presumir que puede recordar todos los efectos y formas de la naturaleza, sin ninguna duda sería catalogado por mí como un tremendo ignorante debido a que estos efectos son infinitos y, para ello, nuestra memoria carece de la capacidad suficiente. En consecuencia, el pintor debe evitar que un desmedido deseo de ganancias no reemplace el de ser un artista célebre, porque el lograr este honor es mucho más significativo que obtener renombre gracias a la riqueza. Por estos y otros motivos que podría dar, hagamos el esfuerzo, en primer lugar, de presentar a los ojos de un modo expresivo lo que inicialmente era el plan que ideó la mente; después corregiremos, agregando y eliminando lo que se considere necesario hasta que sea completamente satisfactorio; posteriormente, prepararemos como modelos a hombres desnudos o vestidos, según la manera en la que se ha planeado el trabajo y, por último, adaptémoslos a las dimensiones y tamaño, en concordancia con las reglas de la perspectiva. De este modo, no existirá nada en el trabajo que sea desaconsejable por la causa o los efectos de la naturaleza. Para llegar a ser célebre en el arte este es el camino.

De cómo, con el tiempo, la pintura degenera y se empobrece, cuando los pintores toman solamente como guía las anteriores pinturas.

Si toma por modelos cuadros de otros pintores, el pintor dibujará cuadros de poco mérito; al contrario, si se inspira en cosas naturales el resultado será fructífero. Esto se observó claramente entre los romanos, cuyo arte se empobreció de generación en generación por imitarse unos a otros continuamente. Giotto, el de Florencia, apareció después de ellos, y no se complació con reproducir las obras de su maestro, Cimabue, por haber nacido entre solitarias montañas habitadas únicamente por cabras. Comenzó por pintar sobre las rocas los movimientos de las cabras que cuidaba, y siguió con el dibujo de los demás animales del campo, y lo hizo de tal manera, que después de demasiado esfuerzo no solo sobresalía por encima de los maestros de su época, sino sobre los de muchos tiempos pasados. Después este arte declinó otra vez al copiar todo el mundo las pinturas ya hechas, y de esa manera siguió decayendo hasta que Tomaso de Florencia, que tenía el apodo de Masaccio, demostró con sus pinturas perfectas cómo se esfuerzan inútilmente aquellos que no elogien como modelo a la maestra de maestros: la naturaleza.

Me atrevería a asegurar, de un modo similar, que los que se dedican a estudios matemáticos y estudian únicamente a los expertos de esta materia, y no a las obras de la naturaleza, descienden, pero no son hijos de la naturaleza, que es la maestra de la totalidad de los excelentes autores. La ligereza de los que recriminan a quienes aprenden de la naturaleza es enorme, dejando de criticar a los célebres maestros, quienes fueron asimismo discípulos de la misma naturaleza.

Por consiguiente, los pintores que no conocen estas normas, si desean evitar la reprobación de los que les estudian, tengan sumo cuidado en representar todos los objetos, de acuerdo a la naturaleza, y no van a desacreditar su trabajo como lo hacen los que dibujan únicamente por dinero.

Es un pobre discípulo quien no aventaja a su maestro.

LITERATURA

ALEGORÍAS Y CUENTOS

I. LA EXISTENCIA DE LOS ANIMALES

El amor de la virtud.

La alondra es un ave de la que se relata lo siguiente: Al ponerla en presencia de una persona enferma, si esta va a fallecer, el ave, para no mirarle, vuelve la cabeza. Pero si el enfermo se va a recuperar, el ave no deja de observarle, curando de esta manera su enfermedad.

El amor de la virtud es algo así. No coloca su mirada en cosas bajas o ruines, sino que vive en el corazón noble, honesto y virtuoso, del mismo modo que las aves se posan en las florecientes ramas de los bosques. Este amor se pone más de manifiesto en el infortunio que en el bienestar, igual que la luz que ilumina mucho más donde las tinieblas reinan.

La tristeza.

La tristeza es parecida al cuervo, que, cuando ve nacer a sus crías blancas, las abandona con amargos lamentos y se marcha con tristeza. Y hasta que observa algunas plumas negras en ellas, no les da alimento.

La paz.

Se habla de que cuando persiguen al castor, sabiendo que le están persiguiendo debido al valor de sus testículos para usos medicinales y no pudiendo huir, se detiene. Y para estar en paz con los que lo están persiguiendo, con sus afilados dientes corta los testículos y se los deja a sus adversarios.

La ira.

Relatan que el oso, cuando se dirige a las colmenas para extraer la miel, las abejas comienzan a picarle, de tal forma, que deja la miel y se apresura a vengarse de las que le están picando. Al no lograr vengarse de ninguna, su rabia se transforma en furia, y con gesto desesperado se tira por tierra, intentando inútilmente defenderse con pies y manos.

La avaricia.

El alimento del sapo es la tierra y siempre está delgado. Esto le sucede porque jamás se siente satisfecho —siempre tiene miedo de quedarse sin tierra.

Los halagos.

La sirena canta con tanta ternura, que invita al sueño a los marineros. Posteriormente, se sube por los barcos y asesina a los marineros mientras duermen.

La prudencia.

Por su natural previsión, la hormiga se provee en el verano para el invierno. Para que no nazcan, mata los gérmenes de las semillas que recoge y con ellas se alimenta.

La insensatez.

El toro salvaje no le tiene simpatía al color rojo. Debido a eso, los cazadores envuelven el tronco de un árbol con algo rojo y el toro se dirige hacia él. Lo horada con los cuernos con mucha furia y los cazadores le matan de inmediato.

La justicia.

Podemos comparar al rey de las abejas con la virtud de la justicia, porque ordena y dispone todo con sensatez, envía a unas abejas que se dirijan a las flores, otras al trabajo, otras a pelear con las avispas, otras a limpiar la basura y otras a hacer escolta y acompañar al rey. Las mismas abejas cargan con él cuando este es viejo y no posee alas. Y el rey la castiga sin demora si una de ellas incumple con su obligación.

La falsedad.

Cuando la zorra observa una bandada de chovas, urracas o aves de esa especie, repentinamente se lanza por tierra con la boca abierta, como si estuviera muerta. Entonces, ella muerde sus cabezas cuando estas aves tratan de picotear su lengua.

Las mentiras.

El topo siempre vive bajo tierra y tiene unos ojos muy pequeños. Él vive tanto tiempo cuanto perdura en la oscuridad, pero cuando emerge a la luz, muere de inmediato al darse a conocer. Con las mentiras ocurre lo mismo.

Temor o cobardía.

La liebre siempre vive asustada. Su temor lo mantienen hasta con las hojas que caen de los árboles en otoño, y frecuentemente la hacen escapar.

Constancia.

El Fénix es el símbolo de la constancia. Renace de sus propias cenizas, gracias a la enorme paciencia para aguantar las llamas que le consumen.

El cocodrilo o la hipocresía.

Este animal atrapa a un hombre y lo mata de inmediato. Después que ha fallecido, el cocodrilo llora y se queja deshaciéndose en lágrimas. Posteriormente, finalizados los quejidos, lo devora cruelmente.

Igual ocurre con el hipócrita, quien, por la cosa más intrascendente, se cubre de lágrimas, pero posee un corazón de tigre y se contenta de las tristezas de los otros, mientras muestra una cara compasiva.

La ostra o la traición.

En tiempo de luna llena, la ostra se abre completamente. Cuando el cangrejo la mira, lanza una piedra o un alga marina dentro de ella, y la ostra no puede cerrarse totalmente, sirviendo de este modo de alimento al cangrejo.

Igual le ocurre a aquel que abre su boca para decir un secreto, colocándose de esta manera a disposición del indiscreto oyente.

La oruga o la virtud.

La oruga pone todo su cuidado, destreza y esmero en tejerse un nuevo cuarto. Más tarde emerge fuera con sus alas pintadas y embellecidas, levantándose con ellas hacia el firmamento.

La araña.

De sí misma la araña extrae esa ingeniosa y delicada tela que le es útil para volver con la presa que caza.

El elefante.

Por naturaleza, el elefante posee cualidades que raramente se hallan en el hombre: es prudente, honesto, dotado de un sentido de religiosa observación y de justicia. Con la luna nueva los elefantes se bañan en el río y regresan a la selva después de haberla saludado. Lanzan plantas al cielo cuando se encuentran enfermos y acostados, como si desearan ofrecer un sacrificio. Cuando se hacen viejos encierran sus colmillos. De los dos que tienen, utilizan uno para extraer raíces con que alimentarse, pero guardan el otro para pelear. Al ser cazados, rendidos por el agotamiento, golpean sus colmillos y se despojan de ellos, de esa manera tratan de pagar su rescate. Conocen los peligros y son compasivos, y si uno de ellos halla un hombre solo y extraviado, lo lleva al camino del que se ha perdido. Si halla huellas del hombre antes de verlo, sospecha traición, se detiene y silba. De este modo se lo comunica a los demás elefantes que se agrupan y se acercan con cautela. Estos animales siempre andan en manada. El más viejo va al frente y el menor va el último. Únicamente se aparean en secreto y de noche, porque son pudorosos. Y no se vuelven a juntar con la manada sin haberse lavado en el río antes. Jamás pelean con hembras como otros animales. El elefante es tan pacífico que rehúsa, por naturaleza, hacer el mal a otros más frágiles que él. Si se tropieza con un rebaño de ovejas, las aparta con la trompa para no pisarlas ni atropellarlas. Jamás hará mal a nadie a no ser que lo inciten.

Si uno de ellos cae en una fosa, los demás la llenan de piedras, ramas y tierra, y de esa manera, levantando el fondo, puede salir con facilidad. Le temen excesivamente al gruñir de los puercos y huyen velozmente, pero prefieren, antes de procurárselo a sus enemigos, hacerse daño en las patas.

Les agrada vivir cerca de los ríos, pero, debido a su enorme peso, no pueden nadar. Devoran troncos de árboles, su alimento favorito, y piedras. Detestan a las ratas. Las moscas se deleitan en su olfato y cuando se paran en la espalda frunce su piel, haciendo pliegues tan hondos y apretados que las mata. Al cruzar los ríos envían a sus crías a la caída de la corriente, pero, para que no las arrastre, ellos se cuidan de romper la furia de las aguas. El dragón se arroja bajo el cuerpo del elefante y ata sus patas con su cola. Aprieta sus costillas con sus alas y garras y muerde su garganta con los dientes, el elefante se derrumba sobre él y el dragón revienta. De esa manera se venga de su enemigo, asesinándole.

II. Fábulas

La alheña y el mirlo.

Al sentir sus delicados ramos cargados de fruto punzados por las garras afiladas y el pico del desvergonzado mirlo, la alheña se quejó a este con lastimera recriminación, rogándole que, ya que robó los deliciosos frutos, por lo menos debería respetar las hojas que servían para resguardarlos de los ardientes rayos solares y que renunciara de arañar con sus cortantes garras la tierna corteza.

Con airado reproche, el mirlo le respondió: "Guarda silencio, planta inculta. ¿Acaso no sabes que la naturaleza hizo que produjeras estos frutos para alimentarme? ¿No te das cuenta que te encuentras en este mundo para alimentarme? Pequeña criatura, ¿no sabes que serás presa y pasto del fuego para el próximo invierno?".

Con paciencia y con llanto, el árbol escuchó estas palabras. Más tarde el mirlo fue atrapado en una red y, para construirle una jaula, cortaron ramas. Cortaron estas ramas, entre otras plantas, de la complaciente alheña. Dándose cuenta entonces la alheña que ella había sido el motivo de que el mirlo perdiera su libertad, dijo con júbilo: "Aquí me tienes, Mirlo, y aun no me han quemado como tú aseguraste. Antes de que tú me veas quemada, yo te veré en prisión".

El laurel, el mirlo y el peral.

Mirando al peral arrancado, el laurel y el mirlo gritaron: "¿Dónde vas, Peral? ¿Dónde se encuentra tu orgullo de cuando estabas cubierto de madura fruta? Ya no nos darás sombra otra vez con tu denso follaje".

El peral respondió: "Me iré con el hortelano que me ha cortado, quien me conducirá al taller de un escultor para darme forma de Júpiter, mientras que vosotros estáis expuestos permanentemente a ser cortados y despojados de vuestras ramas, que para rendirme honores serán colocadas ante mí".

El castaño y la higuera.

Mirando a un hombre en una higuera que inclinaba las ramas hacia él y pelaba la fruta madura colocándola en la boca para devorarla con sus dientes duros, el castaño sacudió sus largas ramas y con impetuoso crujido gritó: "Higuera, tú te encuentras mucho menos resguardada por la naturaleza que yo. Observa cómo mis dulces frutos siguen un orden riguroso: en primer lugar aparecen revestidos de una envoltura muy suave sobre la que está la dura, aunque delicadamente arrugada, cáscara, y no complacida la naturaleza con estos cuidados que me aportan un abrigo tan resistente, me rodeó de espinas para que no me haga daño la mano del hombre".

Después, la higuera y sus retoños empezaron a reírse diciendo: "Tú sabes que el hombre te va a privar de tus frutos con estacas, varas y piedras, y cuando caigan los frutos, los va a pisar y golpear con piedras, de tal modo que tus frutos saldrán ya mermados y machacados, mientras que a mí me tocan con extremo cuidado, no como a ti, con piedras y varas...".

El sauce y la calabaza.

El infortunado sauce, dándose cuenta de que no podía tener el placer de ver crecer sus tenues ramas y lograr la altura que quería, ni crecer como deseaba para apuntar al firmamento, que por culpa de la parra y otros árboles que crecían junto a él era podado y privado de vida, se reconcentró y liberó su imaginación. Buscó en el mundo de las plantas, después de dar muchas vueltas, una a la que poder unirse que no necesitara ramas. Habiendo estado abstraída en estas fértiles imaginaciones durante algún tiempo, se le presentó repentinamente la calabaza y sacudiendo todas sus ramas creyó que había hallado la compañía adecuada a su intención, debido a que la calabaza es más idónea para unirse a otras plantas que para que otras se acoplen a ella.

El sauce, habiendo llegado a esta conclusión, enderezó sus ramas hacia el firmamento esperando que alguna ave amiga fuera la mediadora de sus deseos. Mirando a la urraca entre otras cerca de él, dijo: "Dulce ave. Por el refugio que hallaste entre mis ramas durante todas estas mañanas cuando el feroz, codicioso y hambriento halcón te quiso engullir; por el alivio y reposo que siempre has hallado en mí cuando tus alas pedían descanso, y por el placer que has sentido entre mis ramas cuando juegas con tus compañeros, yo te ruego que busques una calabaza y consigas varias de sus semillas. Coméntale que trataré como si fueran míos los frutos nacidos de ella. Trata de utilizar frases persuasivas, aunque realmente no necesitas que te enseñe, porque eres una auténtica maestra en el uso del lenguaje. Me sentiré dichoso, si me haces este favor, de tener tu nido en mis ramas libre de renta y no únicamente para ti, sino para toda tu familia".

La urraca, entonces, después de hacer y confirmar nuevas condiciones con el sauce, sobre todo, que no aceptaría serpiente ni turón alguno en sus ramas, bajó la cabeza, alzó la cola y, echando todo el peso en sus alas, se tiró de la rama. Fue a la calabaza batiendo el viento ligero. Con una elegante inclinación y finas palabras obtuvo las semillas y se las llevó al sauce, que las recibió con mirada ardiente. Arañó la tierra junto al sauce con sus garras y con su pico plantó, en un círculo alrededor de él, los grandes granos.

Tiempo después germinaron las semillas, crecieron y las ramas se expandieron, empezaron a ocupar todo el sauce, al tiempo que sus anchas hojas le privaron de la belleza del cielo y del sol. Pero el mal no se detuvo aquí, sino que las calabazas empezaron a ocupar todo el sauce y a bajar hacia la tierra con su gran peso, molestando y torciendo a las puntas de los brotes tiernos del sauce.

El sauce entonces se agitó inútilmente para librarse de la calabaza, y después de encolerizarse días y días debido a que el poder de la calabaza era firme y seguro como para frenar tales planes, miró que pasaba el viento y se encomendó a él. El viento sopló fuertemente y el anciano y vacío tronco del sauce se abrió en dos mitades, derrumbándose. Entonces se lamentó inútilmente, admitiendo que había nacido con mala suerte.

La leyenda del vino y Mohamed.

El jugo divino de la uva, el vino, hallándose en una rica copa de oro encima de la mesa de Mohamed, se infló de orgullo con tan inmenso honor cuando repentinamente, cambiando de talante, pensó: "¿Qué me sucede, que me alegro sin darme cuenta que me encuentro cerca de la muerte, que abandonaré mi dorada mansión en esta copa para entrar en las asquerosas y pestilentes cavernas del cuerpo humano para ser convertido de delicioso y aromático licor en un fluido repulsivo y bajo? Y por si esto no fuese suficiente, tendré que estar en receptáculos aborrecibles al lado de otras materias pestíferas expulsadas de los intestinos". Y por tanto daño, gritó al cielo suplicando venganza, solicitando que finalizara tan enorme insulto y que no diera más ese país que producía el vino más exquisito de la Tierra. Júpiter entonces hizo que el espíritu del vino que Mohamed bebió subiera a su cabeza perturbándola y dando rienda suelta a toda clase de desatinos, de tal forma que cuando se pudo recuperar creó una ley en virtud de la cual ninguna persona asiática podría beber vino y, en consecuencia, se dejó a la cepa con su fruto, libre.

El vino, tan pronto como entra en el estómago, empieza a fermentar e hincharse; más tarde, la mente del hombre deja su cuerpo, originándose una ruptura entre ellos. Como un loco, el hombre se degrada y se encoleriza, comete equivocaciones irreparables, asesinando incluso a sus mismos amigos.

La hormiga y el grano de mijo.

La hormiga halló un grano de mijo. La semilla, cuando se sintió cogida, gritó: "Yo te daré un ciento como yo si me dejas cumplir mi función reproductora". Y de esa manera fue.

La araña y el racimo de uvas.

Una araña halló un racimo de uvas que era muy visitado por las abejas y distintas clases de moscas debido a su dulzor. Daba la impresión de que había encontrado el lugar más adecuado para extender su red, y habiendo colocado su delicado tejido entró en su nueva casa. Cada día, al esconderse en los espacios entre las uvas, caía como un ladrón sobre los infortunados animales que ignoraban el peligro. Pasados algunos días, llegó el vendimiador, cortó el racimo de uvas y lo colocó con otras que fueron comprimidas. De esa manera las uvas fueron una trampa tanto para las falaces moscas como para la engañadora araña.

La nuez y el campanario.

Un cuervo transportó una nuez a lo alto de un campanario y se pudo librar de su mortífero pico cayendo por una rendija. La nuez solicitó a la pared que le socorriese por la gracia que Dios le había concedido de estar tan alta y de poseer unas campanas tan bellas de sonido tan esplendoroso. Le suplicó que, al haber sido incapaz de caer bajo las verdes ramas de su anciano padre y estar en la tierra cubierta de hojas, no la dejase, ya que cuando se vio en el pico del feroz cuervo había prometido que si podía escapar de él acabaría subida en un hueco pequeño.

La pared, movida de piedad con estas palabras, se sintió dichosa de darle refugio en el mismo lugar donde había caído. Un tiempo después la nuez empezó a abrirse y colocar sus raíces entre las grietas de las piedras, separándolas y extrayendo sus retoños del hueco. Rápidamente, estos retoños escalaron las paredes del campanario y sus raíces interiores, al crecer, comenzaron a empujar las paredes y a separar con mucha fuerza las antiguas piedras de su vieja posición. Entonces, demasiado tarde, la pared solo pudo lamentar el motivo de su ruina, y parte del campanario, en poco tiempo, se derrumbó.

La polilla y la vela.

La polilla, engreída y errante, no feliz de poder volar a sus anchas por el aire, subyugada por la llama seductora de la vela, tomó la decisión de volar hacia ella. Sin embargo, sus movimientos juguetones fueron el motivo de su rápida desgracia, debido a que la llama consumió sus frágiles alas. Al pie del candelero, la polilla quedó quemada. Después de lamentarse mucho, arrepentida se deshizo en lágrimas y alzando el rostro dijo: "Luz farsante, a cuántos como yo has debido engañar en el pasado. Y si mi deseo fue mirar la luz, ¿no debería haber diferenciado el sol del falso resplandor provocado por el sebo sucio?".

La cidra. La lengua mordida por los dientes.

Hinchada de orgullo por su hermosura, la cidra, dando cara al viento, se alejó de los árboles que la rodeaban. El viento, sin romperse con su cólera, la arrancó de cuajo y la tiró por tierra.

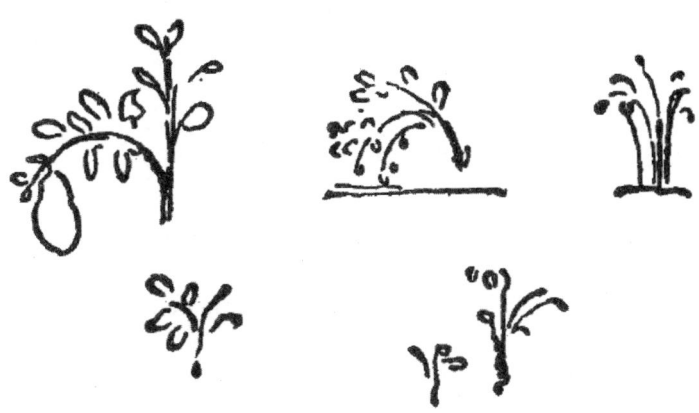

Deseosa de producir en lo más alto de su rama exquisito fruto, la cidra comenzó a trabajar con toda la fuerza de su savia. Pero cuando creció este fruto, hizo inclinar la cabeza esbelta del árbol.

Envidioso de la enorme cantidad de fruto del cercano no-gal, el melocotonero decidió hacer lo mismo. Hasta tal punto se cargó con su propio fruto, que el peso lo lanzó por tierra, roto y desenraizado.

Nadie miraba a la higuera cuando estaba sin fruto. Más tarde, al desear que los hombres elogiasen sus frutos, la resquebrajaron y doblaron.

Una higuera que se encontraba cerca del olmo, viendo que las ramas de este no tenían fruto y que pese a ello tenía la audacia de esconder el sol de sus higos verdes, habló con él en plan de recriminación con estas palabras: "Olmo, ¿no te da vergüenza el estar delante de mí? Debes esperar hasta que mis frutos maduren y te darás cuenta dónde estás". Pero cuando el fruto maduró, pasó por allí un batallón de soldados, se apoderó de la higuera, rompió las ramas y arrancó los higos. Y el olmo, como la higuera quedó estropeada, le dijo: "¡Cuánto mejor estarías sin fruto, higuera, que haber caído en ese estado tan miserable!".

El lirio en las riberas de un torrente.

A las orillas de Ticino se asentó el lirio y la corriente de agua devastó la ribera y, con ella, al lirio.

La vid y el sauce.

La vid que ha crecido sobre un antiguo árbol, con la caída de este, cae, y muere debido a su pésima compañía.

Al crecer, el sauce espera aventajar con sus largos retoños cualquier planta, pero cada año es desmantelado por estar unido con la vid.

La piedra a la vera del camino.

Recién descubierta por las aguas, una piedra de buen tamaño que se encontraba encaramada en el ángulo de un encantador soto, rodeada de plantas y flores de diferentes colores en un sendero pedregoso, miró al montón de piedras amontonadas más abajo en el camino y empezó a querer dejarse caer pensando: "¿Yo qué hago aquí con estas plantas? Yo deseo vivir al lado de mis hermanas". Y llegó a reunirse con las demás dejándose caer. Transcurrido algún tiempo se encontró en constante riesgo debido a los pies de los transeúntes, las herraduras de los caballos y por las ruedas de los coches. Una la aplastó, otra rodó sobre ella. En alguna ocasión la cubrieron de lodo y de estiércol, mirando inútilmente al lugar de donde había provenido como un lugar tranquilo y solitario.

Así les ocurre a aquellos que dejando una existencia de solitaria contemplación prefieren vivir en ciudades rodeados de un sinfín de peligros y entre el ruido infernal de las personas.

La navaja.

La navaja, saliendo un día del mango que le era útil como funda, se puso al sol y vio en ella reflejado al sol.

Se enorgulleció entonces, dio vueltas a sus pensamientos y pensó: "¿Voy a volver a la tienda de la que salí hace poco? No, de ninguna manera. Los dioses no pueden desear que tanta hermosura degenere en usos tan indignos. Dedicarme a afeitar las enjabonadas barbas de los labriegos sería una verdadera locura. ¡Qué servicio tan ruin! ¿Acaso me encuentro destinada para un servicio así? Indudablemente que no. Me esconderé en un lugar aislado y allí pasaré con tranquilidad mi vida".

Después de vivir algunos meses este estilo de vida, saliendo al aire libre fuera de su funda, notó que había adquirido la apariencia de una sierra llena de óxido y que ya su superficie no podía reflejar el esplendor del sol. Lloró inútilmente, arrepentida, su irreparable infortunio y pensó: "¡Hubiera sido preferible haberme gastado en manos del barbero que se tuvo que privar de mi delicada destreza para cortar! ¿Dónde se encuentra ya mi cara resplandeciente? La ha consumido el óxido.

Igual les sucede a esas mentes, que se entregan a la holgazanería en vez de ejercitarse y superarse, como la navaja de afeitar, les corroe la herrumbre de la ignorancia y pierden su ingenio.

La mariposa.

La variopinta mariposa estaba deambulando y dando vueltas ociosamente en la oscuridad, cuando apareció una luz ante ella, hacia la que se dirigió de inmediato, volando en múltiples círculos a su alrededor, maravillándose de tan radiante hermosura. No contentándose con observarla, comenzó a tratarla como estaba acostumbrada a hacerlo con las perfumadas flores. De esa manera decidió temerariamente aproximarse a la luz que quemó sus patas, las puntas de sus alas y otras extremidades. Cayendo al suelo, entonces, comenzó a preguntarse cómo había podido ocurrir semejante accidente, porque no podía pensar de ninguna manera que pudiese venir de algo tan bello mal o daño alguno.

Posteriormente, habiendo recuperado la fuerza perdida, empezó a volar nuevamente y pasó a través de la llama, cayendo instantáneamente quemada en el aceite que alimentaba el fuego.

Cuando ya únicamente le quedaba aliento para recapacitar sobre el motivo de su ruina, pensó: "Perversa luz, yo pensaba haber encontrado mi felicidad en ti. Ahora lamento inútilmente mi loco deseo. He llegado a conocer tu voraz y destructiva naturaleza a través de mi ruina".

Entonces la luz contestó: "De esa manera yo trato a todos los que no saben utilizarme como se debe".

Todo esto se aplica a aquellas personas que fascinadas por deseos mundanos, se dirigen a ellos, igual que la mariposa, sin tomar en cuenta su naturaleza, que van a llegar a conocer para su perdición y vergüenza.

El pedernal.

Al ser golpeado por el palo, el pedernal se asombró excesivamente y con tono severo le dijo: "¿Pero qué arrogancia te incita a maltratarme? Yo jamás he dañado a nadie. No me fastidies. Tú has dado conmigo por error". A esto el palo respondió: "Podrás ver los maravillosos resultados que saldrán de ti si eres paciente". El pedernal se tranquilizó con estas palabras y aguantó con paciencia la prueba. Y de inmediato se dio cuenta de que de él había nacido un elemento imprescindible en la naturaleza: el fuego.

III. Profecías

División de las profecías.

Primero: Todo lo que se refiere a los seres racionales.
Segundo: De los seres no racionales.
Tercero: De las plantas.
Cuarto: De las ceremonias.
Quinto: De las costumbres.
Sexto: De los decretos, disputas o proposiciones.
Séptimo: De las sustancias de las que cuanto más se coge más hay, así como de las proposiciones opuestas a la naturaleza.
Octavo: De la filosofía.

Los casos más importantes los reservaremos para el final, empezando por los menos importantes. Y trataremos de los males y castigos primero.

De los agricultores.

Habrá muchas personas que darán vuelta a su piel y fustigarán a su propia madre. Los hombres golpearán duramente a lo que constituye el principio de su existencia. Ellos van a trillar el grano.

De los serradores.

Muchos serán los que peleen entre sí empuñando un instrumento de cortante acero en sus manos. La fatiga será el único daño que se hagan entre ellos, porque cuando uno ataca, el otro se vuelve atrás. Pero ¡ay de aquel que se interponga entre ellos! Lo dejarán finalmente destrozado.

De la sombra de un hombre que se mueve con él.

Se observarán las figuras y formas de hombres y animales siguiendo a estos por donde quiera que anden. Al moverse una, la otra también lo hará con toda precisión. Pero la variedad de altura que adquieren es lo que más llama la atención.

El sol proyecta nuestra sombra y se refleja, a la vez, en el agua.

En muchas ocasiones vamos a ver a un solo hombre en tres formas diferentes moviéndose a la vez y frecuentemente; el que desaparece es aquel que es real.

En gran parte, los bueyes serán el motivo de la destrucción de las ciudades e igualmente los búfalos y caballos.

De los asnos que son golpeados.

¡Oh, naturaleza indiferente!, ¿por qué no eres imparcial? Tan cruel y despiadada madrastra para otros y tan dulce y benigna madre para los niños. Miro a hijos tuyos entregados a la esclavitud de otros sin ningún tipo de ventajas. Y en vez de pagarles los servicios que han hecho, les pagas con los sufrimientos más duros, a pesar de utilizar toda su vida en favorecer a su opresor.

De las abejas.

Les robarán a muchos el alimento de sus despensas y serán ahogados y sumergidos por personas sin razón. ¡Oh justicia del Señor!, ¿por qué no despiertas para proteger a tus criaturas de tantos abusos e injusticias?

De las ovejas, vacas, cabras y
otros animales parecidos.

Les serán arrebatadas sus crías pequeñas a infinidad de seres, a las que despedazarán cruelmente y cortarán sus gargantas.

Del alimento sacado de seres vivos.

Pasarán a los cuerpos de otros animales muchos de los cuerpos que han tenido vida. Esto es como asegurar que las casas desiertas pasarán hechas piezas de carne a las habitadas quedándose con lo que no es aprovechable y sirviendo a sus necesidades. Esto es como decir que la existencia del hombre se hace de esas cosas que él come y estas tienen parte de hombre muerto en sí.

En su pequeño escondrijo, la rata estaba acosada por la comadreja que esperaba su muerte en actitud vigilante. Y por medio de una rendija muy pequeña miraba este enorme peligro. El gato vino mientras tanto y súbitamente se apoderó de la comadreja devorándola de inmediato. La rata, entonces, profundamente agradecida a su ídolo, habiendo ofrecido varias de sus nueces en sacrificio a Júpiter, salió de su hoyo para recobrar la libertad que había perdido y enseguida se encontró, por las feroces garras del gato, privada de su libertad y de la misma vida.

Los tordos se contentan mucho cuando miran a un hombre cazar un búho, amarrando sus pies con fuertes lazos y privándole de su libertad. Pero este búho fue el motivo de que los tordos perdieran no únicamente su libertad, sino su existencia al caer en la liga del cazador, siendo su reclamo el tordo.

También esto se aplica a esos países que se contentan al mirar cómo sus gobernantes pierden la libertad, debido a lo cual ellos mismos pierden toda ayuda y quedan aprisionados en manos de sus adversarios, perdiendo de esa manera su libertad y su existencia.

De las hormigas.

Las hormigas formarán infinidad de comunidades que se esconderán en cavernas muy oscuras al lado de sus crías y provisiones. Y durante muchos meses se alimentarán en sitios oscuros, sin ninguna luz ni natural ni artificial.

*De los hombres que duermen en tablas
hechas de árboles.*

Los hombres comerán, dormirán y construirán sus casas entre los árboles que crecen en los campos y en las selvas.

*De las nueces, aceitunas, bellotas,
castañas y similares.*

Sin piedad, muchos niños serán maltratados por sus mismas madres, echados por tierra y posteriormente mutilados.

*Las aceitunas que caen de los olivos nos dan
el aceite que nos ilumina.*

Existirán cosas que desciendan con ímpetu de las alturas y nos darán luz y alimento.

De los barcos que surcan los mares.

Miraremos a los árboles de las inmensas selvas del Sinaí, de los Apeninos, del Atlas y del Tauro, ir velozmente por el aire, de norte a sur, de oriente a occidente, trasladando en el aire enormes aglomeraciones humanas. ¡Cuántas separaciones entre amigos y familiares, cuántos lamentos, cuántas muertes! ¡Cuántos no mirarán nuevamente el cielo que los vio nacer y fallecerán sin recibir sepultura, dispersándose sus huesos por los distintos confines de la Tierra!

De las lamentaciones realizadas
el Viernes Santo.

Habrá lamentaciones por el fallecimiento de un hombre que murió en el Oriente en todos los países de Europa.

De los cristianos.

Muchas personas que profesan la fe del Hijo únicamente edifican templos en honor de la Madre.

De los funerales, campanas y acompañantes,
procesiones y luces.

Las más enormes ceremonias y honores van a ser, sin darse cuenta ellos, tributados a los hombres.

De las iglesias y de las habitaciones de los frailes.

Habrá muchas personas que dejarán el trabajo y la pobreza de bienes y vida para habitar en la riqueza de magníficos edificios, pregonando que ese es el sendero para ser más aceptables al Señor.

De los frailes que no gastan sino palabras,
reciben grandes regalos y prometen el paraíso.

A quienes lo gasten, el dinero invisible proporcionará la victoria.

De los frailes confesores.

Desdichadas las mujeres que por su propia voluntad revelan a los hombres todas sus acciones secretas más vergonzosas y sus pecados.

De la escultura.

¿Qué veo? ¡El Salvador crucificado nuevamente!

De los crucifijos vendidos.

Veo a Cristo vendido y crucificado otra vez y a sus santos padeciendo el suplicio.

Del culto a los cuadros de los santos.

Los hombres conversarán con hombres que no escuchan. Van a abrir sus ojos y no van a ver. Les van a dirigir la palabra y no responderán. Suplicarán perdón a quien tiene oídos y no escucha. A un ciego le ofrecerán luz y al sordo implorarán con gran lamento.

De la venta del paraíso.

Van a ser muchos los que vendan sin obstáculos y de manera pública objetos de enorme valor sin autorización del Maestro de esos objetos, que jamás estuvieron en su poder ni le pertenecieron. Y no podrá impedirlo la justicia humana.

De la religión de los monjes que viven a
cuenta de sus santos que murieron hace tiempo.

El precio de la vida de muchos vivientes lo sufragarán los que murieron hace mil años.

De los médicos que viven a cuenta del enfermo.

Los hombres van a llegar a tal estado de miseria que van a agradecer el que otros se beneficien de sus sufrimientos o de la pérdida de su salud, que es su verdadera riqueza.

De la dote de las doncellas.

Ya que comenzará a ocurrir que no serán suficientes ni la vigilancia de los hombres ni la solidez de los muros para proteger a las doncellas de la violencia y la concupiscencia de los hombres, va a llegar una época en que los padres y familiares de estas doncellas se verán forzados a pagar un precio a quien desee contraer matrimonio con ellas, aunque sean hermosas, ricas y nobles. Ciertamente, parece que la naturaleza quiere aniquilar la raza humana, como algo inútil para la Tierra y destructor de todo lo creado.

De los niños envueltos en pañales.

¡Metrópolis del mar! Veo a sus ciudadanos, hombres y mujeres, atados con fuerza de brazos y piernas por personas que no comprenderán sus lenguas. Y ustedes únicamente serán capaces de suavizar sus sufrimientos y su pérdida de libertad con lamentos y suspiros, porque los que los aprisionan no los comprenderán ni ustedes los van a comprender a ellos.

Del agua hecha nieve que cae en forma de copos.

La naturaleza del agua que baja de las nubes se transformará de tal forma que se quedará mucho tiempo en las faldas de los montes sin moverse. Esto sucederá en muchos y distintos países.

De la bola de nieve que da vueltas en la nieve.

En el tiempo de su destrucción, habrá muchos que van a crecer.

De las nubes.

Hacia el cielo volará una gran parte del mar y por largo tiempo no volverá.

De los volcanes.

Las inmensas rocas de las montañas lanzarán fuego hasta lograr consumir la madera de enormes selvas con sus animales mansos y salvajes.

De la mecha.

El pedernal del yesquero produce fuego capaz de cocer la carne de los animales y de consumir la leña amontonada en los claros de los montes. Con hierro y piedra se puede hacer visible lo que era invisible anteriormente.

De los metales.

De oscuras y lóbregas cavernas saldrán los metales y pondrán en un estado de enorme ansiedad, peligro y confusión a la raza humana. Después de muchos pesares, a quienes vayan tras ellos les producirán placer; pero quienes los desprecien fallecerán en medio de la desgracia y la miseria. Llevarán a cometer un sinfín de crímenes; incrementarán la cantidad de hombres malévolos y les estimularán al robo, la esclavitud y el asesinato; se considerará a sus seguidores como sospechosos, privarán a las ciudades de su dichosa situación de libertad, terminarán con la vida de muchas personas y serán motivo de que muchos hombres se atormenten mutuamente con innumerables traiciones, fraudes y engaños.

¡Qué monstruosidad! ¡Sería preferible para los seres humanos que los metales volvieran a sus minas! Con ellos las enormes selvas serán devastadas de sus árboles y un infinito número de animales perderán la vida por su causa.

Del fuego.

Algo que pronto se hará grande saldrá de un principio pequeño. No va a respetar cosa alguna creada, y con su poder transformará de su estado natural en otro casi todas las cosas.

El miedo a la pobreza.

Una cosa maligna y aterradora se extenderá de tal modo entre los seres humanos que estos, en su loco deseo de escapar de ello, se darán prisa en ampliar sus poderes ilimitados.

Del dinero y oro.

Emergerá de los fosos cavernosos una cosa que hará trabajar y sudar con enormes sufrimientos a todos los países de la Tierra hasta que logren obtener su ayuda.

De los grandes cañones escondidos bajo el suelo y en las fosas.

Saldrá de lo hondo de la tierra aquello que con su aterrador ruido aturdirá a todos los que se encuentran cerca, y destruirá palacios y matará hombres con su resuello.

De las espadas y lanzas que por sí mismas no lesionan a nadie.

Debido a su mala compañía, se volverá terrible e indomable lo que por sí mismo es inofensivo y dócil y terminará quitando con la mayor crueldad la vida de muchas personas. Y asesinaría a muchas más si no fuera porque los seres humanos se resguardan con cuerpos desprovistos de vida en sí mismos y obtenidos de excavaciones; es decir, con corazas de hierro.

De las profundidades de la tierra vendrá la muerte, y sus fieros movimientos lanzarán a infinidad de seres humanos del mundo.

El hierro que emerge del seno de la tierra está muerto, pero con él se hacen las armas que asesinarán a muchos seres humanos.

Muchos serán los edificios que se transformarán en ruinas debido al fuego: el fuego de los inmensos cañones.

Con su movimiento, los huesos de los muertos se verán rigiendo la fortuna del que los mueve: a través de los dados.

Se podrá ver en varios lugares a los difuntos transportando a los vivos: en barcos y coches.

De los sueños.

Sin moverse, los hombres caminarán, conversarán con los que no están presentes y escucharán a los que no pueden hablar.

Les parecerá a los hombres ver que el cielo se destruye y que de allí descienden llamas que escapan aterradas. Escucharán a todo tipo de criaturas hablar lenguas humanas.

En un instante correrán, sin moverse, de un lado a otro del mundo. Y verán en las tinieblas los resplandores más luminosos.

¡Extraordinaria humanidad! ¿Qué arrebato te ha empujado de este modo? Hablarás un lenguaje humano con todo tipo de animales y ellos contigo. Sin hacerte daño alguno, te encontrarás cayendo de lo alto. Los torrentes te mezclarán en su veloz curso y te acompañarán.

De qué manera se hace de trapos el papel.

Lo que inicialmente fue magullado y machacado con diferentes golpes y despreciado será venerado y honrado, y con reverencia y amor serán escuchados sus mandatos.

De la crueldad de los hombres.

Sobre la tierra se verán seres que siempre están peleando unos contra otros con enormes pérdidas y frecuentes muertes en los dos bandos. No tendrá límite su malicia. Derribarán los árboles de las enormes selvas del mundo con su fortaleza corporal. Cuando se sientan saciados de alimentos, consistirá su acción de gracias en repartir el sufrimiento, el terror, la muerte, la angustia y el destierro a todo ser viviente. Su orgullo sin límites les conducirá a desear encumbrarse hasta el firmamento, pero les mantendrá aquí abajo el peso excesivo de sus miembros. Nada de lo que hay en las aguas, sobre la tierra o debajo de ella quedará sin ser estropeado, perseguido y molestado; y lo que hay en un país será traspasado a otro. Sus cuerpos se transformarán en sepulcros de todos los seres que ellos mismos han asesinado.

¿Por qué no abres tus entrañas, oh, tierra, y los lanzas con fuerza en las hondas hendiduras de tus abismos y cuevas, para que no presenten escenas tan brutales y monstruosas a la vista del cielo?

IV. Chistes

Paseando por su parroquia el sábado antes de Pascua, cuando rociaba las casas con agua bendita, como era habitual en él, un cura llegó a la casa de un pintor y también bendijo sus cuadros. Un poco molesto, el pintor le preguntó por qué rociaba sus cuadros. El cura le dijo que eso se acostumbraba, además que era su deber hacerlo; que estaba haciendo el bien y que el que realiza una buena obra tiene derecho a esperar bienes mayores, porque Dios prometió que toda obra buena realizada aquí en la tierra iba a ser recompensada el céntuplo en el cielo. El pintor esperó a que el cura se fuera, después subió a la ventana del piso superior y le tiró un jarro de agua a las espaldas gritando: "¡Ahí está la recompensa del ciento por uno que te llega del cielo, como tú has mencionado, por el agua bendita con que rociaste mis cuadros y estropeaste la mitad de ellos!".

Los curas franciscanos tienen la costumbre a guardar algunas épocas de ayuno. En el monasterio no comen carne, pero cuando se encuentran viajando, como viven de la caridad de los otros, pueden comer todo lo que les sirvan. Viajando en estas condiciones, dos de estos frailes entraron en una posada acompañados por un mercader y tomaron asiento con él en la misma mesa. Y solo se les sirvió un pequeño pollo asado, porque la posada era pobre. Notando el mercader que eso sería muy poco para él, dijo a los frailes: "Durante este tiempo, si mal no recuerdo, ustedes no comen carne en el monasterio". Los frailes se encontraron forzados a decirle que realmente tenía razón. El mercader ingirió el pollo y los frailes aguantaron como mejor pudieron. Los tres comensales, después de la comida, siguieron su camino juntos. Caminaron un buen trecho y llegaron a un río de anchura y profundidad considerables. Ya que los tres iban a pie —el mercader por su avaricia y los frailes por su pobreza—, fue necesario, según la norma, que, como iban descalzos, uno de los frailes cargara a sus espaldas con el mercader. Y de esa manera lo hizo. Pero cuando se miró en medio del río recordó otra de sus reglas y deteniéndose, como San Cristóbal, alzó sus ojos al que llevaba encima y le dijo: "Responde, ¿llevas dinero contigo?". "Tú sabes que lo tengo", contestó el mercader. "¿Pero cómo piensas que un mercader como yo no tenga dinero?". "Muy bien —dijo el fraile—: nuestra norma nos prohíbe claramente llevar dinero con nosotros". Y le lanzó al agua. Dándose cuenta de que había sido una broma en represalia de la que él les hizo en la posada, el mercader, con la cara sonriente y algo ruborizado, sobrellevó tranquilamente la venganza.

Dos hombres discutían entre ellos. Basándose en la autoridad de Pitágoras, el primero quería probar que había estado en una ocasión anterior en el mundo. El segundo no le permitía concluir su argumentación. El primero entonces dijo al segundo: "La prueba de que yo estuve primero allí es esta: No olvido que tú eras un molinero". Picado por estas palabras, el otro asintió, diciendo que era cierto, porque recordaba que el que le estaba hablando fue el burro que llevaba la harina para él.

Un hombre dejó de relacionarse con uno de sus amigos, debido a que este tenía la mala costumbre de hablar de manera maliciosa contra sus demás amigos. Este amigo le reprochó un día con dureza al otro y le pidió que le diera el motivo por el que rompió una relación tan estrecha como la suya. A lo cual el otro contestó: "No deseo que me vean en tu compañía, porque te quiero. Si a los otros les hablas mal de mí, siendo tu amigo, es probable que les des una pésima impresión de ti mismo, igual que yo la tuve cuando tú hablaste mal de ellos. Parecerá como si nos hubiéramos vuelto enemigos si no tenemos ninguna relación entre nosotros. Y el hecho de que, como es tu costumbre, tú hables mal de mí, no merecería tanto reproche como si estuviéramos permanentemente juntos.

V. Símbolos

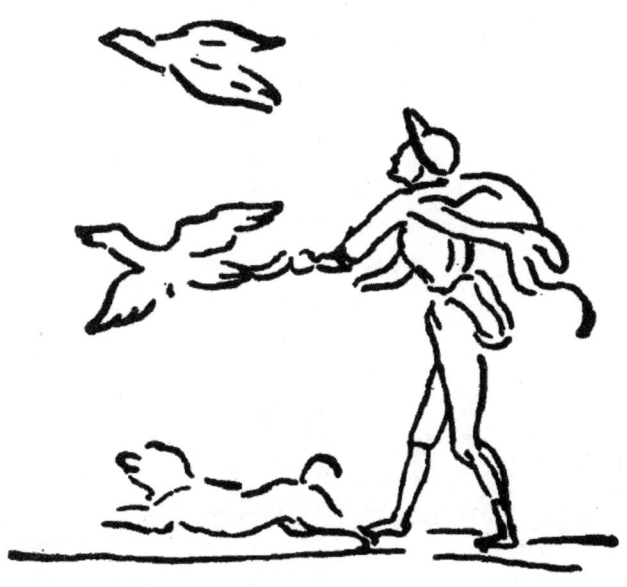

Poca libertad

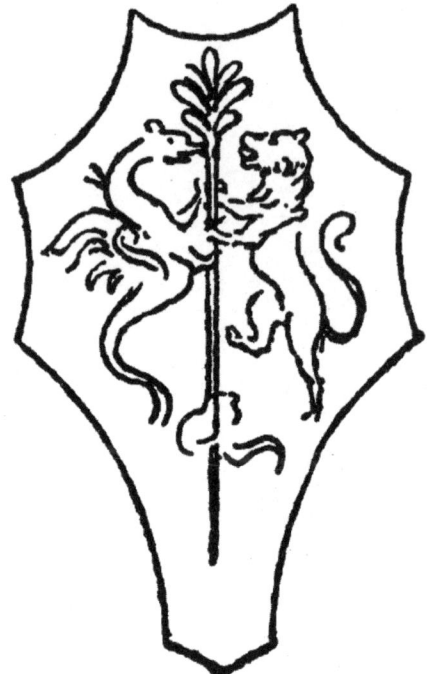

Prudencia-fortaleza

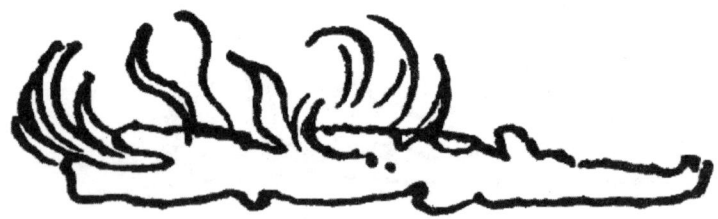

Esto se colocará en la mano de la ingratitud. El fuego es alimentado por la madera que él consume.

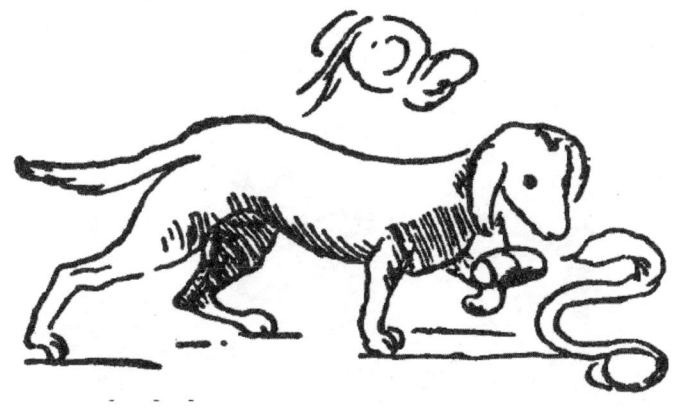

Obedecer.

La paciencia es favorecida por la sonrisa.

Igual como los vestidos lo hacen contra el frío, la paciencia nos ayuda contra los agravios. Porque si te colocas más vestidos cuando aumenta el frío, este no te puede perjudicar. Del mismo modo, tu paciencia aumenta con las ofensas, y de esa manera no podrán perturbar tu alma.

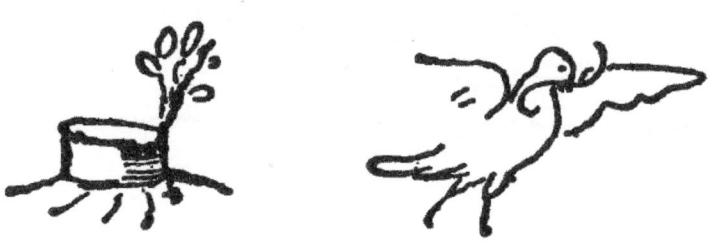

Un árbol caído que retoña nuevamente.
Aun tengo esperanza.
Tiempo, un halcón.

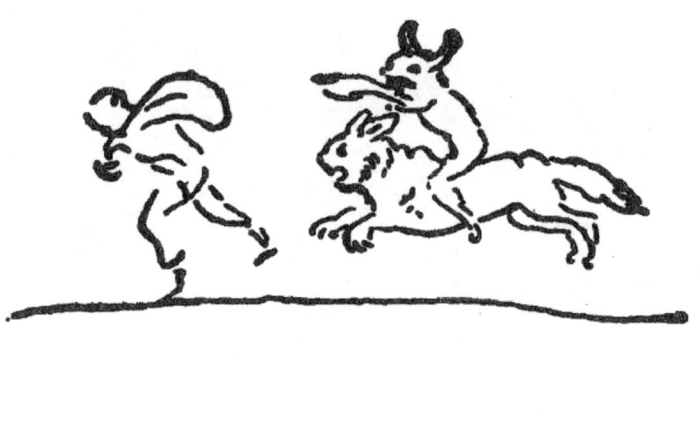

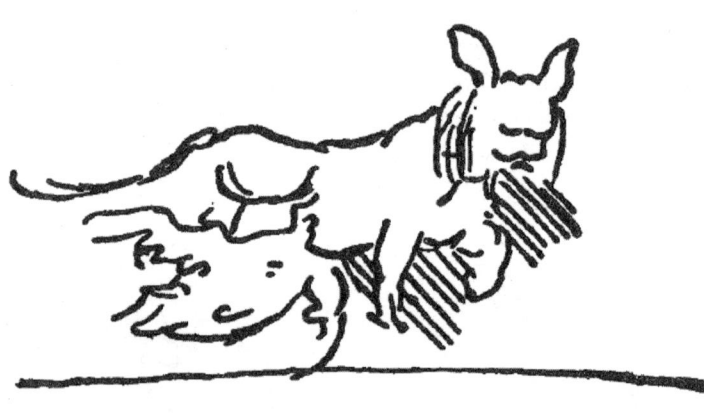

Una mala noticia es lo más temible de todo. De los vicios nace esta mala noticia.

Dolor y placer.

El dolor y el placer se nos presentan como dos hermanos mellizos. Jamás el uno se da sin el otro. Da la impresión de que estuvieran unidos por la espalda, porque son opuestos entre sí.

Si eliges el placer, convéncete de que tras él tiene algo que te producirá arrepentimiento y amargura.

Los dos, placer y dolor, cohabitan en un mismo cuerpo, porque ambos poseen el mismo origen: El trabajo con dolor es el origen del placer; los vanos y caprichosos placeres son los orígenes del dolor.

Debido a esto, el placer es representado con una caña en la mano derecha, que es sin consistencia e inútil. Y las heridas ocasionadas por ella están envenenadas. En Toscana ponen las cañas para sostener las camas, queriendo significar que es ahí donde se producen los sueños triviales, donde se pierde un tiempo precioso y donde se gasta buena parte de él: El de la mañana cuando la mente se encuentra despejada y calmada y el cuerpo dispuesto a recomenzar el trabajo. También es ahí donde se dan muchos frívolos placeres: En unas ocasiones con la mente soñando cosas poco posibles; otras, con el cuerpo, al darse a placeres que frecuentemente son el motivo del desgaste de la vida.

Verdad y falsedad.

Falsedad - Una máscara

Verdad - El sol

La falsedad es destruida por el fuego, esto es el sofisma, y alejando las tinieblas restaura la verdad. El fuego se debe usar para destruir todo sofisma y para probar y detectar la verdad, ya que el fuego es luz disipadora de tinieblas, que encubren todas las cosas esenciales.

La verdad.

Todo sofisma es destruido por el fuego, esto es el engaño. Conserva pura la verdad, que es oro. La verdad no se puede esconder. Es inútil el disimulo y, ante un juez tan severo, queda frustrado.

Siempre, la falsedad se coloca una máscara.

Bajo el sol no hay nada oculto.

Al servicio de la verdad está el fuego, porque destruye toda mentira y todo sofisma. La máscara se encuentra al servicio de la mentira y de la falsedad, que encubre la verdad.

La única hija del Tiempo ha sido la verdad.

Puede estar antes un cuerpo sin sombra que la virtud sin enigma.

Cuando la fortuna llega, cógela de frente con mano segura, porque por detrás se encuentra pelada.

Igual como, por falta de uso, el hierro se oxida, el agua estancada se pudre, y el frío se transforma en hielo, de la misma forma nuestro entendimiento, si no se usa, se desgasta.

Con los efectos de los juegos lascivos, la ciega ignorancia nos deleita y desorienta.

Porque no conoce la auténtica luz.

Porque no sabe en qué consiste la auténtica luz.

El frívolo esplendor nos arranca el poder de existir...

Piensa cómo gracias al brillo del fuego, caminamos adonde la ciega ignorancia nos lleva.

Aquel que está ligado a una estrella no vuelve atrás.

No me doblegan los obstáculos.
Todo obstáculo provoca una resuelta decisión.

VI. Descripción imaginaria de la naturaleza

1. La ballena

Igual que el viento arremolinado azota el arenoso y profundo valle, y con su veloz curso lanza en la vorágine todo cuanto se resiste a su frenética carrera..., del mismo modo la ráfaga del norte, en su impetuoso avance, gira alrededor... Ni el tempestuoso mar brama con tanta fuerza cuando choca contra él el viento del norte, constituyendo espumosas olas entre el Carybdis y el Escita; ni el monte Etna ni el Stromboli, cuando sus sulfurosas y reprimidas llamas rasgan el monte que lanza, mezcladas con el fuego, piedras y tierra. Ni cuando las grutas llameantes del monte Etna vomitan el funesto elemento contenido en su seno, arrastrando todo obstáculo que se resiste a su furia impetuosa...

Con los impulsos de mi deseo vehemente, ansioso de mirar un inmenso número de diversas y raras formas que va formando la naturaleza, después de vagar entre rocas colgantes, entré en una gran gruta, ante la cual quedé atónito sin saber que existía. Apoyé mi mano izquierda en la barbilla y doblé mi espalda, haciendo con mi mano derecha sobre mis abatidas y contraídas cejas una sombra. De esa manera caminé agachado de un lugar a otro con curiosidad, intentando ver lo que había en su interior, pero la oscuridad circundante me lo impedía. De repente, estando allí brotaron dos sentimientos: uno de deseo y otro de temor. Temor frente a la amenazante cueva, y deseo de descubrir dentro auténticas maravillas. ¡Oh!, viviente y poderoso instrumento de la naturaleza en ciernes, no siéndote útil tu arrolladora fuerza, necesitas dejar tu existencia tranquila para acatar la ley que el Señor y el tiempo han dado a tu poder creador. No siéndote útil las bifurcadas aletas con que acosas a tu presa, tú estás habituada a abrir tu propio camino haciéndote paso, con tu propio seno, entre las olas salobres.

En cuántas ocasiones se vio escapar ante tu furia desatada a los aterrorizados bancos de delfines e inmensos atunes, mientras tú continuabas azotando velozmente tus bifurcadas aletas y cola ahorquillada, sembrando el mar de confusión y de tempestad, sacudiendo y sumergiendo barcos. Con tus enormes olas amontonaste en las orillas del mar peces aterrados y desesperados, que escapaban a tu paso, quedando resecos en lo alto al darse cuenta de que estaba abandonados por el mar, transformándose de esa manera en presa abundante de los pueblos cercanos.

¡Oh!, tiempo, consumidor de todo, que convirtiéndolas en ti mismo das nuevas y distintas moradas a los seres vivientes.

¡Oh!, tiempo, que con violencia despojas los seres de la creación, cuántos pueblos y reyes has destruido, cuántos cambios de condición y estado se han dado desde que la asombrosa forma de este pez murió en su sitio ensortijado y oculto. Y destruido por el tiempo, ahora permaneces ahí pacientemente con tus huesos deshechos, sirviendo solamente de soporte y pilar de los montes que se alzan encima de ti.

2. EL MONTE TAURO

División del libro.

1. La persuasiva predicación de la fe.

2. La repentina inundación hasta su final.

3. La ruina de la ciudad.

4. La muerte de las personas y su desesperación.

5. La persecución del predicador y su liberación.

6. Destrucción del motivo de la caída del monte.

7. El estrago que produjo.

8. La avalancha de nieve.

9. El descubrimiento del profeta.

10. Su profecía.

11. La inundación de las partes más bajas de Armenia occidental, cuyo drenaje tuvo lugar al cortarse el monte Taurus.

12. Cómo el nuevo profeta demostró que la destrucción se había realizado como él había predicho.

13. Descripción del río Éufrates y del monte Taurus.

14. Por qué el monte brilla en la cumbre durante media noche o una tercera parte de ella, y se parece a un cometa para los que

viven en el occidente después de la puesta del sol, apareciendo igual a los habitantes del Este antes de que amanezca.

15. Por qué este cometa aparece en distintas formas, de tal modo, que unas veces es redondo, otras delgado, en ocasiones dividido en dos o tres partes, y en otras unido, unas veces no visible y otras haciéndose visible nuevamente.

Al lugarteniente del sultán sagrado de Babilonia, Defterdar de Siria.

El desastre reciente que sucedió en estas zonas norteñas, cuya narración hecha por mí sembrará el pánico, no únicamente en ti, sino en todo el universo, te será narrado con el orden debido, exponiendo primeramente la consecuencia, y posteriormente, la causa.

Hallándome en esta parte de Armenia con el fin de cumplir el encargo que me confiaste con entrega y solicitud, y habiendo empezado por aquellos sitios que me parecieron más adecuados para lograr nuestro propósito, entré en la ciudad de Calinda, junto a nuestras fronteras. Esta ciudad se encuentra situada en la base de esa parte del Tauro que la separa del Éufrates y mira hacia el oeste de cara a los picos del enorme monte Tauro. Poseen tal altura estos picachos, que parecen tocar el firmamento, no existiendo en todo el mundo ningún sitio de la tierra más alto que esta cumbre. Reciben diariamente por el Este el resplandor del sol, cuatro horas antes del día, y como sus piedras son tan blancas, brilla esplendorosamente, provocando en los armenios igual efecto que la hermosa luz de la luna en mitad de la oscuridad. Por su gran altura, supera cuatro millas en línea recta sobre el más alto nivel de las nubes. Desde muchos lugares del oeste, este pico se observa iluminado por el sol después de su ocaso hasta la tercera parte de la noche. Cuando el tiempo está tranquilo, se suponía que era un cometa, apareciendo en la oscuridad de la noche ante nuestros ojos, cambiando en varias formas, unas dividido en dos o tres partes, otras, alargado y en ocasiones también reducido. Este fenómeno se produce porque las nubes del horizonte se colocan entre una parte de este monte, y el sol y la luz del monte es obstaculizada por varios espacios de nubes cortados por los rayos del sol. Es por eso que cambia de formas su brillo.

La forma del monte Tauro.

Defterdar, no tengo por qué ser acusador de ociosidad, como me han dado a entender tus recriminaciones. Tu afecto inagotable, motivo para mí de tan enormes beneficios, me exige investigar con más cuidado y diligencia la causa de tan extraordinario efecto. Y esto necesita tiempo. Con el fin de satisfacer completamente tu curiosidad, tendré que describirte la forma del sitio y después expondré el efecto. Creo que vas a quedar complacido...

Defterdar, no te sientas molesto por mi demora en responder tu urgente demanda, porque estas materias son de tal naturaleza que requieren tiempo. Sobre todo, porque al desear explicar las causas de tan maravilloso efecto, es necesario describir detalladamente la naturaleza del sitio. De esta forma tu curiosidad quedará colmada.

Voy a pasar por alto toda descripción de la configuración de Asia Menor, de los mares y zonas que constituyen los límites de su contorno y alcance, porque sé que tú conoces estas materias, debido a tu diligencia en el estudio. Y ya paso a describir la auténtica configuración del monte Tauro, que es la causa de tan sorprendente prodigio.

Según la opinión de muchos, el monte Tauro es alarista del Cáucaso. Pero tratando de ser lo más claro posible en este punto, he deseado conversar con alguno de los habitantes de las orillas del mar Caspio, quienes me dijeron que, a pesar de que sus montes tienen el mismo nombre, estos son más altos y ratifican que este tiene que ser el auténtico Cáucaso, ya que en lengua escita Cáucaso significa "suprema altura". De hecho, no poseemos información de que en el Este o en el Oeste existan montes de tanta altura. Prueba de esto es que las personas que viven en los países que dan al Oeste ven los rayos del sol iluminando gran parte de la cumbre, incluso una cuarta parte de la noche más larga. E igual ocurre con los países del Este.

Estructura y magnitud del monte Tauro.

En esta arista del Tauro, la sombra tiene tal altura, que cuando está el sol en su meridiano a mediados de junio, llega a las orillas del Esmartia, que se encuentra a doce días de camino. Y se extiende tan lejos como los montes Hyperboreanos a mediados de diciembre, que se encuentran a un mes de viaje en dirección norte. La parte que da hacia donde el viento sopla siempre está lleno de nubes y niebla, debido a que el viento que está hendido al chocar contra la roca se cierra nuevamente al otro lado de ella. De este modo arrastra las nubes de todos lados y las deja donde choca. Siempre está lleno de relámpagos, por el enorme número de nubes que acumula, donde toda la roca está agrietada y llena de deyecciones.

La base de este monte abunda en ríos y manantiales y está habitada con personas muy ricas. Especialmente en las zonas que dan al sur es fértil y rico. Comienzan, subiendo unas tres millas, las selvas llenas de abetos, pinos, bayas y árboles parecidos. Encontramos tres millas más adelante enormes praderas y pastos. Al tocar la cumbre del monte Tauro, en el resto hay nieves perpetuas que se extienden por espacio de unas catorce millas.

Jamás pasan nubes desde el inicio del Tauro hasta la altura de una milla. De esa manera tenemos quince millas; es decir, una altura, en línea recta, de unas cinco millas.

Se respira un aire cálido en los mismos picos del Tauro, sin sentirse el más tenue murmullo del viento, pero allí nada puede tener vida por mucho tiempo. Nada se produce, y únicamente se crían algunas aves en las fisuras más elevadas del Tauro. Estos descienden por las nubes buscando su presa en las colinas selváticas. Todo es roca desnuda y muy blanca. Por su agreste y peligroso ascenso, no es posible llegar a lo más alto de la cumbre.

Muchas veces habiéndome contentado contigo de tu próspera fortuna en mis cartas, estoy seguro de que como amigo vas a compartir mi dolor. Estoy en un estado realmente lamentable. Me he sentido, estos últimos días, inmerso en demasiadas ansiedades, angustias y temores, al lado de los pobres labriegos. No creo que los elementos que crean un orden, al alejarse, se hubieran podido conflagrar con su fuerza para dañar tanto a la humanidad, como hemos podido experimentarlo aquí. Ni siquiera puedo imaginarlo. Nos hemos encontrado asaltados y sacudidos por la violencia de los vientos. Han seguido después las avalanchas de nieve que han colmado estos valles y destruido una enorme parte de nuestras ciudades. Y por si esto fuera poco, la tempestad, con una súbita inundación, sumergió toda la parte baja de la ciudad. Agrega a esto las lluvias torrenciales y tormentas que han hecho una mezcla de raíces, troncos y ramas de distintos árboles, y de arena, lodo y piedras. También el aire nos ha azotado. Por último, un inmenso fuego no traído por el viento, sino yo aseguraría que por treinta mil demonios, ha consumido y destruido la región. Y aun no ha concluido. Los pocos que quedamos por aquí estamos tan extenuados y aterrorizados, que ni siquiera tenemos alientos para charlar entre nosotros. Todas nuestras ocupaciones las hemos abandonado y nos encontramos todos reunidos en arruinadas iglesias: Todos estamos mezclados como un hato de cabras: hombres y mujeres, grandes y pequeños.

Movidos de compasión, los vecinos nos han suministrado alimentos, los mismos que antes eran nuestros adversarios. Tanto es así, que hubiéramos muerto víctimas del hambre de no haber sido por ellos.

Ya te puedes dar cuenta de en qué estado estamos. Y todo esto no se puede comparar con lo que nos amenaza en breve. Como buen amigo que eres, sé que tú compartirás nuestro infortunio, como yo en anteriores ocasiones te he expresado mi alegría por tu prosperidad.

3. El gigante

Apreciado Benedicto Dei:

Deberías saber, al darte información de las cosas del oriente, que apareció en el mes de junio un gigante que provenía del desierto del Líbano. Este gigante era negro y nació en el monte Atlas. Peleó contra Artajerjes con los egipcios, persas, árabes y medos. Habitó en el mar en horcas, barcos y ballenas.

Con solo mirarlo, su cara parece espantosa y aterradora, especialmente sus ojos rojizos e hinchados bajo las oscuras y temibles cejas, que podrían hacer temblar la tierra y oscurecer el cielo. Te aseguro que no existe hombre tan valiente que no desease otra cosa que tener alas para escapar cuando el gigante vuelve hacia él sus fieros ojos. En comparación con él, la cara de Satán sería angelical. La boca arqueada, los labios gruesos, los bigotes como los de un gato, los dientes amarillos y la nariz doblada hacia arriba con anchas fosas llenas de pelos. Montado a caballo en puntillas resaltaba por encima de las cabezas humanas. Cuando el orgulloso gigante cayó en el sangriento y fangoso suelo, parecía una montaña desplomándose. La región se sintió sacudida como un sismo con el terror de Plutón en el infierno. Y temiendo por su esposa, Marte se refugió en el lecho de Júpiter.

El gigante, por la violencia del choque, cayó a tierra sin sentido. Las personas, creyendo que había sido fulminado por un relámpago, comenzaron a retorcer sus cabellos y se arrojaron sobre su cuerpo traspasándolo con heridas, como hormigas que escapan deprisa y corriendo en todas direcciones por un roble cortado por el hacha de un campesino muy fuerte.

Entonces, avergonzado y consciente de que había sido asaltado por la multitud, el gigante sintió el dolor de la estocada y lanzó un rugido que sonó como un aterrador estallido. Colocó las manos en tierra, alzó su espantosa cara y llevándose una mano a la cabeza, la halló llena de pequeños hombres agarrados a sus cabellos. Sacudiendo la cabeza, ahuyentó a los hombres que escaparon por el aire, igual que el granizo dispersado por la violencia de los vientos. Y fueron asesinados muchos de los que le pisoteaban. Se paró y dio patadas en el suelo. Entonces los hombres se agarraron a sus cabellos y forcejearon por ocultarse entre ellos, comportándose como marinos en la tempestad que suben el cordaje para reducir la fuerza del viento bajando las velas.

Como no era cómoda su postura, y para liberarse de los acechos de la multitud, su ira se transformó en furia y empezó a abrirse paso entre las personas, dando curso libre a la violencia de sus piernas, y por el aire arrojó a puntapiés a los hombres, de tal modo que unos caían encima de otros, como si fuera una lluvia de granizo. Algunos murieron y su crueldad duró hasta que el polvo que alzaban sus pies ascendía al aire, forzándoles a contener su furia infernal, mientras nosotros seguíamos escapando.

Cuántas arremetidas contra este diablo fiero tan difícil de atacar. Personas miserables, porque no servían los altos muros de la

ciudad, ni tampoco sus casas y castillos, de inexpugnable fortaleza. Ningún lugar quedó a salvo, a no ser esas pequeñas cavernas
subterráneas, como las de los cangrejos, grillos y animales similares. Únicamente ahí uno se podía mantener protegido.

Cuántos padres privados de sus hijos y madres infortuna-
das. Cuántas damas miserables privadas de sus compañeros.
Realmente, mi querido Benedicto, yo no creo que desde que
fuera creada la Tierra haya podido haber tantos lamentos y tanto
llanto de las personas. Ciertamente la especie humana debe en-
vidiar a las otras criaturas, porque, aunque el águila tiene fuerza
para derrotar a otras aves, al menos ellas, por la rapidez de su
vuelo, son invencibles. E igual las golondrinas huyen del halcón
por su rapidez, y los delfines de las horcas y de las ballenas. Sin
embargo, nosotros, infelices criaturas, no tenemos esa habilidad,
debido a que este monstruo, dando pasos muy pequeños, supera
la velocidad del más rápido.

Ya no sé qué decir ni hacer, y me siento en todos lados como
nadando con la cabeza doblada en la garganta poderosa y confuso hasta la muerte y enterrado dentro de un inmenso vientre.

Sus ojos eran tan rojos como el fuego y era más negro que
un avispón. Montaba sobre un caballo semental con un ancho
de seis palmos y más de veinte de largo, con un gigante en su
mano, que le mordía con sus dientes, y seis amarrados a su silla.
Y venían detrás de él jabalíes, sacando fuera sus colmillos, de
unos diez palmos.

LA VERDADERA CIENCIA

I. La experiencia

¡Oh, lector!, ahora piensa qué confianza podemos tener en los antiguos que trataron de definir la vida y el alma —las cuales superan toda prueba— al tiempo que aquellas cosas que pueden ser conocidas claramente en todo instante y probadas por la experiencia, durante muchos siglos permanecieron desconocidas, o fueron comprendidas de manera errónea.

Muchas personas opinarán que tienen razones para recriminarme, diciendo que mis pruebas contradicen la autoridad de algunos hombres tenidos en enorme estima por sus teorías inexperimentadas, sin pensar que mis obras son el resultado de la simple y llana experiencia, que es la auténtica maestra.

Estas reglas nos mueven a investigar con la debida moderación únicamente aquello que es posible, nos capacitan para distinguir lo verdadero de lo falso, y no nos permiten usar el manto de la ignorancia, que no nos conduciría a resultado alguno y nos llevaría a la desesperación y al consiguiente refugio en la nostalgia.

Soy totalmente consciente de que al no ser un hombre letrado, algunas personas engreídas pueden pensar que tienen razones para recriminar mi falta de conocimientos. ¡Estúpidos! ¿Acaso no saben que les puedo responder con las palabras que Mario dijo a los patricios romanos? "Los que se adornan con las obras ajenas jamás me permitirán utilizar las propias". Dirán que soy incapaz de expresar lo que quiero tratar, por no haber aprendido en libros, pero no se dan cuenta de que la exposición de mis temas exige, más que palabras ajenas, experiencia. Esta ha sido la maestra de todo buen escritor; debido a esto, ella será siempre la que yo mencionaré como maestra.

A pesar de que yo no puedo como ellos hacer citas de autores, me fundamentaré en algo mucho más digno y grande: en la experiencia maestra de sus maestros. Engreídos, majestuosos y orgullosos, revestidos y engalanados, ellos se pasean, no con sus propios méritos, sino con los de otros, y ni siquiera me dejarán apropiarme de los míos. Y si ellos me repudian siendo un inventor, cuanto más deben ser repudiados ellos que no son inventores, sino pregoneros y repetidores de las obras de otros autores.

Comparados con los pregoneros y repetidores de obras ajenas, los inventores y los intérpretes entre el hombre y la naturaleza se parecen a la imagen que un objeto proyecta en el espejo. Aquel, como una cosa que existe por sí mismo, la imagen como nada. Personas que deben muy poco a la naturaleza, debido a que únicamente como por casualidad han sido recubiertos de forma humana y, gracias a ello, los podíamos clasificar entre los animales.

Al no hallar algún tema de mucha utilidad o entretenimiento, por ya haber sido tratados por los autores que me han antecedido todos los temas útiles y necesarios, haré como ese que es el último en llegar al mercado a causa de su pobreza y, al no poder proveerse como los otros, compra esas cosas que los demás ya han visto y desechado por su poco valor. Yo me voy a encargar de las tareas despreciadas y rechazadas por otros, las migajas de muchos compradores, y las iré distribuyendo en las pequeñas aldeas, no en las grandes ciudades, recibiendo en pago lo que se considere justo por lo que brindo.

Esos que se dedican a resumir obras, dañan el conocimiento y el deseo, porque el deseo de algo es la fuente del conocimiento, y el deseo es tanto más vehemente cuanto más verdadero es el conocimiento. Del conocimiento profundo de todas las partes que componen el conjunto de una cosa nace esta certeza.

Por consiguiente, ¿cuál es la utilidad de quien prescinde, con la finalidad de resumir, de la mayor parte de los elementos de que está compuesto el todo? Indudablemente, es la madre de toda extravagancia, la impaciencia, la que impulsa la brevedad, como si esas personas no tuvieran toda una existencia por delante lo bastante larga para lograr un profundo conocimiento de una sola materia, como el cuerpo humano, por ejemplo. Tratan de entender el pensamiento de Dios, que abarca todo el universo, sopesándolo y desmenuzándolo en un sinfín de partes, como si lo hubiesen fragmentado. ¡Qué absurdo! ¿Acaso no nos damos cuenta de que toda nuestra vida la hemos dedicado a nosotros mismos, y todavía no somos conscientes de que nuestra característica principal es la pedantería? De esta manera, despreciando las ciencias matemáticas en las que está la auténtica información acerca de las materias que ellas tratan, nos mentimos a nosotros mismos y a los otros en unión con la masa de los sofistas. De esa manera nos encontraremos pronto preparados para ocuparnos de fenómenos milagrosos y para escribir e informar sobre todo aquello que supera la inteligencia humana y que en forma alguna puede ser demostrado naturalmente. Cuando hayamos dañado el trabajo de algún hombre ingenioso, llegaremos a suponer que hemos hecho milagros, y no nos daremos cuenta de que estamos cayendo en la misma equivocación del que, para probar que un árbol es útil para hacer tablas, le arranca sus ramas cargadas de hojas entreveradas con frutos o flores. De esa manera hizo Justino cuando resumió las obras de Trogo Pompeyo, quien había escrito en un estilo florido, lleno de admirables y pintorescas descripciones, las grandiosas hazañas de sus antepasados; al resumirlas, compuso un trabajo insustancial, adecuado solamente para mentes poco pacientes que imaginan que están perdiendo el tiempo cuando lo dedican al estudio de las acciones de los hombres y obras de la naturaleza.

En nuestras percepciones se encuentran el origen de todos nuestros conocimientos.

La llamada ventana del alma, el ojo, es el principal medio por el que podemos apreciar completamente las obras infinitas de la naturaleza.

La experiencia jamás se equivoca; la que únicamente se equivoca es nuestra apreciación, al esperar resultados no producidos por los experimentos. Ya que una vez dado un principio, debe ser verdadera consecuencia lo que de él se sigue, a no ser que haya un obstáculo. Y si hay un impedimento, el resultado que se seguirá del principio fijado sería, en mayor o menor grado, resultado de ese impedimento, según que este fuese más o menos fuerte que el principio fijado. La experiencia no se equivoca; solamente se equivoca nuestra opinión, al esperar de ella lo que no cae dentro de su poder. Los hombres se quejan erróneamente de la experiencia y, con amargura, le recriminan el conducirles al error. Dejemos tranquila a la experiencia y más bien culpemos a nuestra ignorancia, que es el motivo de que nos arrastren fútiles y tontos deseos, como el de esperar cosas de la experiencia que no se encuentran en su poder, y después decimos que es mentirosa. Al culpar a la inocente experiencia, acusándola de falsedad y de demostraciones mentirosas, los hombres se equivocan.

En mi opinión, todas las ciencias serán insustanciales y estarán llenas de errores, a menos que surjan de la experiencia, madre de toda certidumbre, y si después no son probadas por ella; es decir, si no pasan a través de alguno de los cinco sentidos en el inicio, en el intermedio o al final. Si no estamos seguros de la certidumbre de cosas que pasan a través de los sentidos, cuanto más deberemos debatir otras contra las que los sentidos se rebelan, tales como la naturaleza del alma, de Dios y otras parecidas acerca de las cuales hay infinidades de disputas y discusiones. Esto ocurre, indudablemente, porque donde la razón no manda, su lugar lo ocupa el griterío. Al contrario, esto jamás ocurre cuando las cosas son ciertas. Por tanto, allí donde hay disputas no existe auténtica ciencia, porque la verdad únicamente puede concluir de una manera; dondequiera que esté, desaparecerá definitivamente toda polémica, y si surgiera nuevamente, con toda seguridad nuestras conclusiones serían confusas y dudosas y la verdad no habría resurgido.

Las verdaderas ciencias, todas, son resultado de la experiencia obtenida mediante los sentidos, la cual hace tranquilizar las lenguas de los demandantes. Los sueños de los investigadores no están alimentados por la experiencia, sino que siempre proviene de principios fijados de manera minuciosa con anterioridad, lentamente con ilación hasta el final, como se puede apreciar en los principios matemáticos. Nadie discute en matemáticas si los ángulos de un triángulo son menores que dos ángulos rectos o si dos veces tres son más o menos que seis. Todas las disputas en esta materia finalizan para siempre, y los aficionados a estas ciencias pueden disfrutar tranquilamente de ellas. Para las engañosas ciencias especulativas esto no es alcanzable.

De las enseñanzas de estos teóricos hay que desconfiar, debido a que la experiencia no confirma sus razonamientos.

II. LA RAZÓN Y LAS LEYES DE LA NATURALEZA

Los sentidos son terrenales; en contemplación, la razón permanece alejada de ellos.

La experiencia es la madre de la sabiduría. Intérprete entre la naturaleza y la raza humana, la experiencia nos enseña que lo que esta naturaleza realiza entre los mortales, obligada por la necesidad, no puede operar de otra manera más que en la medida que la razón, que le gobierna, es su dirección.

Ya que es mi propósito el consultar primero a la experiencia y después mostrar por razonamiento el motivo por el que esa experiencia está forzada a actuar de ese modo, antes de continuar adelante en un tema, primero lo probaré por experimentación. Y esta es la auténtica regla según la cual deben proceder todos los que analizan los efectos de la naturaleza; aunque la naturaleza comienza con la causa y finaliza en la experiencia, y nosotros debemos seguir el camino contrario, es decir, debemos comenzar por la experiencia e investigar la causa a través de ella.

Extraordinaria necesidad, tú obligas, con la razón suprema, a que todas las consecuencias sean resultado directo de sus causas, y a que te obedezca cada una de las acciones de la naturaleza siguiendo el proceso más corto posible a través de una ley irrevocable y suprema.

La naturaleza no transgrede la ley, sino que se ve forzada por la necesidad lógica de sus intrínsecas leyes.

La maestra y guía de la naturaleza es la necesidad.

La necesidad es la inventora y la materia de la naturaleza, su ley y su freno eterno.

La naturaleza está colmada de causas infinitas, que en la experiencia jamás han tenido lugar.

No hay efecto sin causa en la naturaleza; no hay necesidad de experimentación si se entiende la causa.

III. Demostración matemática

Ninguna persona que no sea matemática debe leer los principios de mi trabajo.

Allí donde no se pueda aplicar alguna de las ciencias matemáticas o alguna de las que se vinculan con las ciencias matemáticas no existe certeza alguna.

Aquel que niegue la certeza suprema de las matemáticas, promueve la confusión y jamás podrá desautorizar las contradicciones de las falsas ciencias que llevan a una charlatanería eterna.

La ciencia es una investigación llevada a cabo a través del pensamiento, que comienza por el origen último de una materia, más allá de la cual no se puede hallar nada en la naturaleza que constituya parte de aquella. Por ejemplo, tomemos de la ciencia geométrica la cantidad continua: si comenzamos por la superficie de un cuerpo, nos podemos dar cuenta de que está formado por líneas que constituyen los límites de la superficie. Sin embargo, no nos podemos quedar ahí, porque conocemos que la línea, a su vez, está constituida de puntos, y que el punto es la unidad última más pequeña después de la cual no existe nada. Consiguientemente, el punto es el principio primero de la geometría, y no puede haber nada que pueda ser origen del punto, ni en el pensamiento del hombre ni en la naturaleza...

No puede ser llamada ciencia ninguna investigación humana si no pasa mediante pruebas matemáticas, y si alguien asevera que las ciencias que comienzan y finalizan en la mente contienen verdad, eso es algo que no se puede aceptar y debe ser negado por muchos motivos. Primero y sobre todo, porque la experiencia no aparece en tales razonamientos mentales, y nada se revela con certeza sin ella. De acuerdo a eso, yo podría reclamar que mis suposiciones en las pruebas respecto a la perspectiva se diesen por probados. Que también se diese por probado que todos los relámpagos que pasan a través del aire son de la misma forma y, desde su origen hasta los objetos con los que se tropiezan, van en línea recta.

Se debe proceder en la investigación científica de manera metódica; esto significa que se debe diferenciar entre las distintas partes del tema propuesto, de tal modo que en él no exista ninguna confusión y pueda ser bien entendido.

Se debe tratar de que los ejemplos y pruebas que se presenten puedan ser definidos antes de citarlos.

IV. Experimentación

Hay que repetir la prueba dos o tres veces, antes de fundamentar una ley en un caso, para comprobar si todas las pruebas producen iguales efectos.

Se debe repetir un experimento muchas veces para que no pueda suceder accidente alguno que falsifique u obstruya la prueba, porque el experimento puede estar falseado tanto si el investigador intentó mentir como si no.

Cuando se ordena la ciencia del movimiento del agua, debe recordarse incluir su aplicación práctica en cada tema, con la finalidad de que estas ciencias no resulten inservibles.

La práctica es los soldados y la ciencia es el capitán.

Ustedes, teóricos especulativos de las cosas, no alardeen de conocer las cosas que nos ofrece la naturaleza; pueden darse por satisfechos si son capaces de conocer el propósito de esas cosas que ustedes mismos inventan.

Esos que se enamoran de la práctica sin ciencia, son iguales que un marino que sube al barco sin brújula ni timón y jamás puede estar seguro hacia dónde se dirige.

El paraíso de la ciencia matemática es la mecánica, ya que a los resultados matemáticos se llega a través de ella.

V. Búsqueda de la auténtica ciencia

Alquimia.

La naturaleza se preocupa de generar cosas elementales, pero el hombre, con estas sencillas cosas, genera un sinfín de compuestos. No obstante, el hombre no es capaz de crear alguna cosa, con la excepción de una vida igual a la suya: la vida de sus hijos.

Los alquimistas antiguos jamás han logrado, ni por ensayo ni por casualidad, el crear algún elemento de los que pueden ser producidos por la naturaleza, ellos son mis testigos. Al contrario, los inventores de compuestos químicos merecen un gran elogio por la utilidad de las cosas que han inventado para que el hombre las use, y merecerían mayores alabanzas si no hubiesen sido los inventores de cosas perjudiciales, como el veneno y cosas parecidas, que destruyen la existencia o la razón, por las que no están libres de culpa. Más todavía, con base en mucho estudio y ensayo, están tratando de producir no las cosas más bajas de la naturaleza, sino las mejores, por ejemplo, el oro, auténtico hijo del sol debido a que, de entre todas las cosas, es el más parecido al sol.

El oro es el más duradero entre todas las cosas creadas, no existe una más duradera que él. Ni siquiera lo puede destruir el fuego que, sobre las demás cosas creadas, tiene poder, reduciéndolas a humo, cristal o cenizas.

Si una grosera avaricia es lo que impulsa a los alquimistas al equivocado intento de producir oro, ¿por qué no se dirigen a las minas donde la naturaleza produce ese oro y se transforman en sus discípulos? Con toda seguridad, ella les sanará de su extravagancia, enseñándoles que nada de lo que utilizan en el horno se encuentra entre las cosas que usa la naturaleza para producir el oro. En la mina no hay mercurio, ningún tipo de azufre, no hay fuego ni ningún otro tipo de calor que el de la naturaleza, que da vida a nuestra Tierra. Ella le enseñará los filones de oro que se propagan a través del azul "lapis lazuli", a cuyo color el poder del fuego no le afecta.

Inspeccionando con atención la ramificación del oro, se podrá ver que los extremos están expandiéndose continuamente en un pausado movimiento, transformando todo lo que tocan en oro, y dentro de él se puede apreciar que hay un organismo viviente, cuya producción no es posible.

De entre todas las opiniones de los seres humanos, la más absurda de todas es la que cree en la magia negra. La magia negra es más fácil de criticar que la alquimia, ya que jamás da origen a nada, con excepción de cosas similares a ella misma; es decir, a falsedades. No ocurre igual con la alquimia, cuya función la naturaleza no la puede ejercer por no tener instrumentos sistemáticos con los que llevar a cabo el trabajo que el hombre ejecuta con sus manos, con las que ha producido el cristal, entre otras cosas.

Por el contrario, la magia negra es el estandarte y bandera que, movidos por el viento, son guías de la necia muchedumbre que incesantemente es útil como testigo de los resultados ilimitados de este arte. Han llenado libros completos afirmando que los espíritus y los encantamientos pueden actuar y hablar sin necesitar la lengua y sin instrumentos orgánicos —sin los cuales el habla no es posible—, que pueden trasladar los pesos más grandes y producir la tormenta y la lluvia; igualmente que pueden convertir a los seres humanos en lobos, patos y otras bestias. Indudablemente, los que aseguran estas cosas son los que se convierten en bestias primero.

Si fuese verdad que existió esta magia negra, como lo piensan esos talentos frívolos, en la tierra no habría ninguna cosa importante para perjuicio o servicio del hombre. Si fuese verdad que existe un poder en ese arte para perturbar la serena quietud del viento y transformarlo en tinieblas, para producir vientos y resplandores con aterradores truenos y rayos que brillan en la oscuridad y con impetuosas tempestades con la capacidad de devastar selvas y de derrumbar edificios muy altos. Si fuese posible con todo eso el hacer tambalear, el someter y arrojar a ejércitos, y —todavía más importante que esto— si pudiese dar origen a destructoras tormentas con las que los agricultores fuesen desprovistos del fruto de su trabajo, ¿qué mejor táctica de guerra puede haber que el causar tal perjuicio al enemigo como el lograr despojarlo de su cosecha? ¿Qué batalla naval se podría comparar con esa que pudiese iniciar aquel que tiene poder para gobernar a los vientos y puede originar nefastos temporales capaces de desaparecer y hacer naufragar cualquier cosa? Sin ninguna duda, quien pueda mandar a fuerzas tan violentas será el dueño y señor de los países y sus fuerzas destructoras no podrán ser resistidas por ninguna iniciativa humana. Va a descubrir los tesoros ocultos y las joyas que están en el interior de la tierra. Por inexpugnable que fuesen, no habría cerradura o fortaleza alguna que pudiesen proteger a nadie en contra de la voluntad de esa supremacía de la magia negra. Se podría trasladar con total libertad a través del viento del Este al Oeste y a todas las partes contrarias del universo. ¿Pero por qué tengo que extenderme en esto? ¿Qué existe que no se pudiese realizar por un artista de semejante categoría? Nada, prácticamente, con excepción de lograr huir de la muerte.

He tratado, pues, de explicar en parte el perjuicio y la utilidad, si fuese real, del arte de la magia. Si es real, ¿por qué no ha perdurado entre los hombres que tanto lo desean, desechando incluso todo tipo de utilidad del arte de la magia si fuese real? Si es real, más que para dar gusto a uno de sus deseos serían capaces de destruir a todo el universo y a Dios. Si, a pesar de serles tan necesario, este arte no ha permanecido entre los hombres, es porque jamás ha existido y jamás existirá.

No es posible que nada por sí solo sea la razón de su origen, y son eternas las cosas que existen por sí mismas.

VI. El universo

Los cuatro elementos

Anaxágoras.

Absolutamente todo proviene de todo, todo se hace de todo y todo se puede transformar en todo, porque lo que hay en sus elementos está compuesto de esos mismos elementos.

La configuración de los elementos.

Sobre la disposición de los elementos, y primeramente, me opongo a todas aquellas personas que niegan la opinión de Platón, señalando que si estos elementos estuviesen implicados unos en otros en las formas en que Platón les atribuyó, entre uno y otro se crearía un vacío.

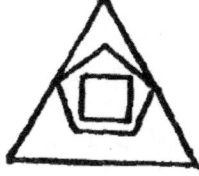  

Yo digo que esto no es cierto, y lo demuestro aquí, pero ante todo quiero proponer varias conclusiones. No se necesita que los elementos que se implican entre ellos sean de igual tamaño en todas las partes en que están implicados. Es evidente que el agua del mar posee una profundidad variada desde su superficie hasta el fondo, y que no revestiría solo la tierra si esta tuviese forma de cubo; es decir, de ocho ángulos, como creía Platón, sino que reviste la tierra que tiene numerosos ángulos de rocas con diversas prominencias y cavidades, y no obstante, no se ha producido ningún vacío entre el agua y la tierra. Más todavía, el aire reviste el agua del mar a la par con los montes y valles que se alzan por encima de él, y entre la tierra y el aire no queda ningún vacío, de tal forma que hace una afirmación gratuita cualquiera que señale que se ha producido un vacío.

Quisiera contestar a Platón que las superficies de las figuras que tendrían los elementos no podrían existir, según él. Cualquier elemento líquido y flexible tiene necesidad de una superficie redonda. Esto se demuestra por el agua del mar. Permítaseme empezar exponiendo algunas concepciones y conclusiones. Una cosa es tanto más alta cuanto más distante está del centro del mundo, y cuanto más próxima está del centro, es más baja. A no ser que baje y el mismo movimiento la haga bajar, el agua no se mueve por sí misma. Estas cuatro concepciones, enlazadas de dos en dos, son útiles para demostrar que el agua que no se mueve por sí sola posee su superficie equidistante del centro del mundo, siempre y cuando estemos hablando de enormes masas de agua, y no de gotas u otras pequeñas cantidades que, como el hierro y sus partículas, se atraen recíprocamente.

Los cuerpos de los elementos se encuentran unidos y no existe ni gravedad ni ligereza en ellos. La gravedad y la ligereza se originan con la mezcla de los elementos.

¿Por qué el peso no permanece en su lugar? Simplemente, porque carece de apoyo.

¿El peso hacia dónde se va a mover? Se va a mover hacia el centro. ¿Y por qué no en otra dirección? Porque un peso que no posee apoyo cae al punto más bajo, que es el centro del mundo, por la vía más corta. ¿Y el peso cómo es capaz de hallarlo por una línea tan corta? Debido a que no da vueltas en varias direcciones y no va como algo sin sentido.

Dentro de las altas orillas de los ríos y de las costas del mar está contenida el agua. En consecuencia, el aire adyacente va a desarrollar y a circunscribir una estructura de la tierra más inmensa y complicada, y esta enorme masa de tierra suspendida entre el fuego y el agua va a ser obstaculizada y desprovista del necesario suministro de humedad. De ahí se deriva que los ríos van a quedar sin agua; la tierra fértil no va a producir más guirnaldas de hojas; ya los campos no se verán más llenos de ondulantes mieses; todos los animales morirán al no hallar hierba fresca para el pasto; a los leones rugientes, a los lobos y a todos los animales les faltará el alimento; y después de desesperados esfuerzos, los seres humanos deberán abandonar la vida y la raza humana dejará de existir. De este modo, al ser abandonada la tierra fructífera y fértil, quedará estéril y árida; pero debido a la actividad de la naturaleza y al agua almacenada en sus entrañas, permanecerá un poco de tiempo en su ley de desarrollo hasta que hayan desaparecido el frío y el aire enrarecido. La tierra entonces será obligada a unirse con el fuego y su superficie va a quedar reducida a cenizas, siendo este el final de toda vida en la Tierra.

1. El agua

El conductor de la naturaleza es el agua.

El humor vital de la máquina terrestre, el agua, se mueve a impulsos de su mismo calor natural.

En primer lugar, describamos el agua en cada uno de sus movimientos, y seguidamente todas sus profundidades con toda diversidad de materiales, hablando siempre de las proposiciones referentes a dichas aguas; tratando de dar un orden armónico para que no resulte confuso el trabajo. Detallemos todas las formas que el agua asume desde su mayor hasta su menor onda y sus causas.

División del libro

Libro I.—De la naturaleza del agua.

Libro II.—El mar.

Libro III.—Los ríos subterráneos.

Libro IV.—Los ríos.

Libro V.—La naturaleza, del abismo.

Libro VI.—Los obstáculos.

Libro VII.—Las arenas.

Libro VIII.—La superficie del agua.

Libro IX.—Los objetos que se mueven en el agua.

Libro X.—El recorrido de los ríos.

Libro XI.—Los cauces.

Libro XII.—Los canales.

Libro XIII.—Las máquinas movidas por agua.

Libro XIV.—La creciente de las aguas.

Libro XV.—Las cosas consumidas por el agua.

Orden a seguir en el libro del agua.

Acerca de si el flujo y reflujo del agua se originan por la luna o el sol o son el resquebrajamiento de la máquina de la Tierra. Cómo el flujo y reflujo difieren en los distintos países.

Cómo finalmente los montes serán nivelados por las aguas al darse cuenta de que ellas arrastran la tierra que los cubre y descubren sus piedras, que empieza a derrumbarse y se transforman continuamente en tierra, sometidas tanto al calor como al hielo. Los montes, transformados en ruinas, caen lentamente en los ríos y las aguas derrumban sus bases..., y a través de estas ruinas, las aguas se levantan en un enorme remolino, formando los inmensos mares.

Igual que las piedras sueltas en la base de extensos y encrespados valles, cuando han sido golpeadas por las olas, se transforman en cuerpos redondos, igual ocurre con otras muchas cosas cuando son empujadas por las mismas olas hacia el mar.

Cuando se encuentran dos vientos opuestos, como las olas se apaciguan y hacen largos caminos de agua tranquila en el mar sin movimiento.

Orden del primer libro sobre el agua.

En primer lugar, definamos lo que se entiende por profundidad y peso; asimismo, cómo los elementos se encuentran colocados uno dentro del otro. Seguidamente, qué se comprende por peso sólido y líquido y, sobre todo, qué ligereza y peso hay en ellos mismos. Igualmente, describamos por qué el agua se mueve y por qué cesa su movimiento. En último lugar, por qué se mueve más lenta o más rápidamente.

El agua, de los cuatro elementos, es el segundo en movilidad y también el segundo en peso. No está nunca tranquila hasta que desemboca en el mar, donde, siempre que no se encuentre agitada por el aire, se mantiene serena y queda con su superficie equidistante del centro de la Tierra.

El frío hace que se congele. El estancamiento la hace fétida. Se eleva con facilidad por el calor, formando en el aire un leve vapor. Es así: el frío la congela, la inmovilidad la corrompe y el calor la pone en movimiento.

Es el humor y la expansión de todos los seres vivos. Nada retiene su forma sin ella. Une y aumenta los cuerpos con su flujo. Mientras que ella no tiene nada por sí misma, toma todo olor, color y sabor.

Por su peso, el agua es el segundo elemento que circunda la tierra, y esa parte que se encuentra fuera de su esfera buscará volver a ella rápidamente. Cuanto más se alza por encima de su posición inicial, mayor es la rapidez con que baja a ella. La humedad y el frío son sus cualidades. Tiende siempre, por naturaleza, hacia los sitios bajos cuando está sin dirección. Con facilidad se eleva transformada en vapor y niebla, y convertida en nube, cae nuevamente en forma de lluvia cuando las minúsculas partes de la nube se reúnen formando gotas. A distintas alturas adopta diferentes formas, así como granizo o aguanieve. Está permanentemente azotada por el movimiento del viento y, asumiendo con facilidad olores y sabores, se une a aquel cuerpo más afectado por el frío.

A no ser que primero se defina qué es la gravitación y cómo se origina y termina, es imposible describir el proceso del movimiento del agua.

Si la totalidad del mar reposa y se apoya sobre su lecho, una parte del mar reposa sobre una parte de aquel, y como el agua, cuando está fuera de su elemento, tiene peso, tendría que gravitar y ejercer presión sobre las cosas que reposan en el fondo. Pero ahí observamos lo contrario, ya que la maleza y las hierbas que crecen en lo profundo no son ni aplastadas ni dobladas, sino que, como si estuvieran creciendo en el aire, cortan el agua con facilidad.

De esa manera llegamos a esta conclusión: que, a pesar de estar sin peso en su propia esfera, todos los elementos lo tienen fuera de ella, es decir, cuando se distancian hacia el cielo, pero no cuando van hacia el centro del mundo.

Es tanto mayor la fuerza cuanto menor es la resistencia a la que se aplica. Esta conclusión es universal, y la podemos aplicar al flujo y reflujo, con miras a demostrar que el sol o la luna imprimen en su objeto mayor fuerza, esto es, en las aguas, cuando estas son menos hondas. Debido a eso las menos hondas y pantanosas deberían reaccionar con mayor fuerza a la causa del flujo y reflujo que las inmensas profundidades del mar.

El agua mina las elevadas cumbres de las montañas. Remueve y desnuda las inmensas rocas. Aparta el mar de sus antiguas playas, al alzar, con la tierra que arrastra, el fondo. Destruye y dispersa las altas riberas. Debido a su poca estabilidad, jamás se puede prever qué es lo que su fuerza es incapaz de arrasar. Con sus ríos busca todo valle inclinado donde deposita o quita tierra fresca. Gracias a eso se puede decir que hay bastantes ríos por los que todos los elementos han vuelto y pasado de mar a mar.

No hay parte de la tierra que sea tan alta como la que ha tenido el mar en sus orígenes, y ninguna profundidad del mar es tan baja como la de las más elevadas montañas que tienen su base en él.

De esa manera, en unas ocasiones es desabrida, otras fuerte, en unas ocasiones ácida, otras amarga, en unas ocasiones dulce, otras espesa o tenue, unas veces aparece como portadora de salud, de perjuicios, de veneno o de pestes. Así que se podría decir que su naturaleza es tan cambiante y diversa como distintos son los sitios por los que pasa. E igual como el espejo con el color de sus objetos cambia, asimismo cambia esta con la apariencia del sitio que atraviesa: aceitosa, densa, tenue, sana, perjudicial, suave, áspera, sulfúrica, salada, rojiza, tranquila, violenta, frenética, negra, azul, roja, amarilla, verde, aceitosa, densa, sutil. Tan rápido provoca un incendio como lo extingue; es fría y caliente; a veces es dispersa y otras está concentrada; unas veces levanta y otras veces hunde; unas veces construye y otras, derriba; unas veces llena y otras vacía; unas veces se eleva y otras se hace honda; unas veces se estanca y otras corre. En unas oportunidades es fuente de vida y otras lo es de muerte. Es origen de escasez y de producción. Unas veces alimenta y otras provoca el efecto contrario; unas veces es insípida y otras salada; otras sumerge con grandes inundaciones los extensos valles.

Todo cambia con el tiempo. Carcomiendo el cimiento de sus riberas vuelve unas veces a las zonas norteñas; otras destruye por el sur la ribera opuesta; unas veces vuelve al centro del mundo minando la raíz que la sostiene y otras salta hirviente hacia el cielo.

Unas veces, revolviéndose en un círculo, altera su curso y otras se extiende hacia el occidente y les quita a los agricultores sus parcelas, y entonces deposita la tierra cogida en el este. Está siempre, además, removiendo y minando sin descanso sus orillas. Es turbulenta a veces y corre delirando de cólera; otras su curso por las frescas praderas es transparente, sereno y juguetón.

Cae a veces del cielo en forma de lluvia, de granizo o nieve, y otras, forma enormes nubes de fina niebla. Se mueve a veces por sí misma o por la fuerza de elementos externos. Sostiene en ocasiones a seres nacidos con su humedad que da vida, y en otras se muestra pestilente o llena de olores agradables. No puede existir nada entre nosotros sin ella. Se baña a veces en el calor y se mezcla con el aire disolviéndose en vapor, y se eleva hasta alcanzar la región fría, empujada hacia arriba por el calor; allí es estrechamente comprimida por su naturaleza opuesta y las diminutas partículas adquieren cohesión entre sí. Igual como cuando la mano comprime una esponja bien empapada en el agua, de tal modo que el agua escapa por los poros, de esa manera ocurre con el frío que condensa la humedad cálida. Ya que cuando se encuentra reducida a una forma más densa, el aire que está concentrado en ella, rompe la parte más frágil con violencia, produciendo una especie de silbido, como si, por un peso inaguantable, saliese de unos fuelles. Y de esa manera terminan por dispararse las nubes más ligeras que en distintas posiciones dificultan su curso.

Las olas.

La ola es igual que el rebote de un golpe, y cuanto mayor o menor es este, mayor o menor será ella. Jamás una ola aparece sola, sino mezclada con muchas de ellas, ya que en las riberas donde se ha producido hay desigualdades.

Si arrojamos una piedra en un estanque con orillas de distinta configuración, todas las olas que colisionan contra estas orillas retroceden hacia el punto inicial que golpeó la piedra, y al hallar otras olas jamás obstaculizan su curso entre sí... Una y otra vez, una ola producida en un pequeño estanque va a ir al punto de origen... Las olas avanzan sin retroceder únicamente en alta mar. Un solo golpe en pequeños estanques origina muchos movimientos de avance y retroceso. La ola más grande es cubierta por otras muchas, moviéndose en distintas direcciones, y estas son más o menos hondas según la fuerza que las ha originado... Se pueden crear al mismo tiempo muchas olas vueltas en diferentes direcciones entre la superficie y el fondo de un depósito de agua... sin destruirse, todas las impresiones causadas por objetos que golpean el agua se pueden penetrar unas a otras. Jamás una ola se interfiere con otra; únicamente retrocede del lugar donde choca.

Al ser llevada la ola a la orilla por la fuerza del viento, forma un montículo, colocando en el fondo su parte superior, y vuelve a este hasta que llega al sitio donde es golpeada nuevamente por la siguiente ola, que viene por debajo y la vuelve hacia atrás, y de esa manera derrumba el montículo, golpeándolo otra vez en la mencionada orilla. De este modo sigue una y otra vez, bien volviendo con el movimiento superior a la orilla, o bien alejándose de ella con el movimiento inferior...

Si el agua del mar, después de golpear la orilla, vuelve hacia su lecho, ¿cómo puede arrastrar los moluscos, los caracoles, las conchas y similares que ascienden de las profundidades del mar y dejarlos en la orilla? El movimiento de todas estas cosas hacia la orilla empieza cuando el choque de la ola que cae tropieza con la ola que sube, porque los objetos que ascienden del fondo saltan en la ola que se lanza hacia la orilla, y sus cuerpos sólidos se alzan en el montículo que los devuelve hacia el océano; de esa manera siguen su curso hasta que la tempestad comienza a disminuir y se van quedando donde las inmensas olas habían llegado y depositado la presa que arrastraban y adonde no llegaron las olas sucesivas. Los objetos arrojados por el mar quedan allí.

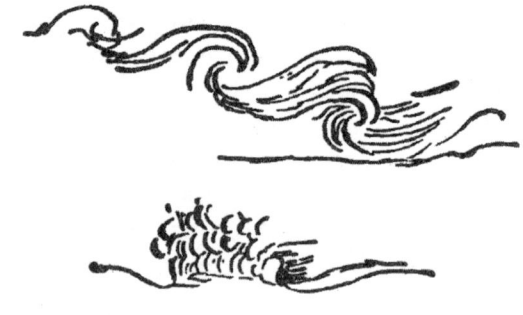

Siempre una ola del mar se rompe en frente de su base, y esa parte de su cresta que era más alta anteriormente, será más baja después.

El movimiento rotatorio o espiral o de todo líquido, en proporción a la proximidad del centro de su revolución, es más rápido. Este es un hecho digno de tenerse en cuenta, ya que, cuanto más próximo está al centro del objeto en revolución, el movimiento de una rueda es mucho más lento...

Miremos el movimiento de la superficie del agua, como se parece a una cabellera que tiene dos movimientos —uno es dependiente de la densidad del cabello, el otro de la orientación de los rizos; de esa manera el agua forma remolinos ensortijados, una parte sigue el ímpetu de la corriente principal y la otra el de la vuelta del flujo y del movimiento secundario.

El centro de un círculo de agua es aquel que se forma en las más diminutas partículas del rocío, que frecuentemente se observa en forma perfectamente redonda sobre las hojas de las plantas donde se coloca; tiene tan poco peso, que allí donde descansa no se derrite, y casi se mantiene por el aire circundante, de tal forma que no echa ningún fundamento ni ejerce ninguna presión. Debido a esto, la superficie es atraída con igual fuerza hacia su centro desde todos los lados; de esa manera cada parte va al encuentro de la otra con igual fuerza, transformándose en imán la una de la otra, resultando que cada gota se vuelve obligatoriamente esférica, formando su centro en la mitad, paralelo a cada punto de su superficie; y al ser atraída de cada parte de su gravedad por igual, se pone siempre en el medio entre partes contrarias del mismo peso. Pero cuando crece el peso de esta partícula de agua, el centro de la superficie esférica deja de inmediato esta porción de agua, moviéndose hacia el centro común del círculo del agua. Cuanto más aumenta el peso de esta gota, más se acerca el centro de dicha curva al centro de la Tierra.

Si una gota de agua cae en el mar cuando está tranquilo, necesariamente se sigue que toda la superficie del mar se levanta de una forma imperceptible, pudiendo comprobar que el agua no se puede condensar en sí misma como el aire.

2. AGUA Y TIERRA

La superficie del agua no se moviliza de su ámbito alrededor del centro de la Tierra que le cerca a la misma distancia. Y no se movería de esta distancia si el mundo, que es el recipiente y el soporte del agua, no se levantase sobre ella lejos del centro de la Tierra.

Por el peso de un ave insignificante al posarse sobre ella, la tierra se mueve de su posición. Por una pequeña gota al caer en ella se mueve la superficie del agua.

Tendría que haber necesariamente más agua que tierra, y la parte visible del mar no indica esto; por tanto, dentro de la tierra debe haber una enorme cantidad de agua, además de la que se eleva por el aire más bajo y de la que corre por fuentes y ríos.

Me parece que, entre todas las causas de la destrucción de la propiedad humana, son los ríos los que ocupan el lugar principal, por las violentas y excesivas inundaciones. Me parecería que está falto de juicio alguien que quisiera levantar un fuego contra la furia de los exaltados ríos, porque el fuego se extingue y muere cuando falta el combustible, y de nada sirven las previsiones de los seres humanos contra la irreparable inundación originada por los ensanchados y altivos ríos. Lleva todo como su presa hacia el mar, que es su escondrijo, en una maraña de frenéticas e hirvientes olas que corroen y arrasan las altas riberas, que crecen turbias por la tierra de los campos labrados, que descuajan árboles gigantes y destruyen las casas que encuentran a su paso. Junto a esto también arrastra hombres, casas, tierras, árboles y animales; derriba todo dique y todo tipo de barreras, y destruye por igual objetos ligeros que pesados; allí donde hay pequeñas grietas ocasiona inmensos deslizamientos de tierra; inunda los valles bajos y continúa precipitándose con su destructiva e inexorable avalancha de aguas.

¡Qué enorme necesidad de escapar tiene aquel que esté junto al agua! ¡Qué inmensa cantidad de palacios, casas, ciudades, tierras y aldeas ha devorado! ¡Cuántos trabajos de los pobres agricultores los ha transformado en estériles e inútiles! ¡Cuántas familias ha aplastado y llevado a la ruina! ¡Cuántos rebaños han muerto ahogados! Y frecuentemente, arrasa los campos cultivados saliéndose de su viejo cauce rocoso...

a) El diluvio y las cosechas.

Ya que las cosas son mucho más antiguas que las letras, no es de extrañar que no haya ningún tratado en nuestros días que nos hable de cómo los mares inundaron tantas naciones; más aun, si hubiera existido ese tratado, los incendios las guerras, las inundaciones, los cambios de leyes e idiomas habrían borrado toda huella del pasado. Pero para nosotros es suficiente el testimonio de las cosas producidas en las aguas del mar y reencontradas en las alturas de las montañas, lejos de los océanos del presente.

Tenemos que probar en esta obra, en primer lugar, que no fueron llevadas allí por el Diluvio las conchas halladas a una altura de mil brazos, debido a que están a un mismo nivel, y hay bastantes montes que se elevan por encima de ese nivel. Debemos investigar si el Diluvio fue causado por la lluvia o por el ensanchamiento del mar, para demostrar seguidamente que ni por la lluvia que paraliza los ríos ni por el desbordamiento del mar, las conchas, que son objetos pesados, podrían ser trasladadas por el mar a la cumbre de los montañas o ser llevadas allí, contra el curso de las aguas, por los ríos.

Se debe probar que las conchas han tenido que ser producidas en agua salada, al ser casi todas de ese tipo de agua; lo mismo que en Lombardía, igual que en otras partes, las conchas están en cuatro niveles diferentes por haber sido producidas en distintas épocas y que todas ellas aparecen en valles que asoman al océano.

Las conchas y el porqué de su forma

El ser viviente que se encuentra en el interior de la concha forma su casa con techumbres, empalmes y suturas, además de otros elementos, los mismos que hace el hombre en la casa donde habita. Este ser amplía la vivienda y el tejado de una manera progresiva conforme su cuerpo va creciendo, debido a que se encuentra adherido a los lados de estas conchas. Debido a eso, la suavidad y el brillo de estas en el interior son un poco mortecinos en el punto donde están unidas al ser que allí habita, y el agujero es áspero con el fin de poder recibir la contextura de los músculos con los que se mete en el interior cuando quiere encerrarse dentro de su vivienda. Y si se desea afirmar que las conchas, por influencia de las estrellas, son producidas por la naturaleza en estos montes, ¿cómo se logrará demostrar que esta influencia produce conchas de diversos tamaños, diferente edad y distintos tipos en el mismo sitio?

Guijarros

¿Cómo me podrán explicar el hecho de los guijarros que se encuentran todos unidos y están en las altas montañas en yacimientos a distintas alturas? Porque aquí se observan guijarros traídos por las corrientes de los ríos al mismo lugar, y el guijarro es solo fragmentos de piedra que han perdido su configuración puntiaguda a fuerza de rodar por mucho tiempo y debido a los golpes y caídas experimentados con el curso de las aguas, han sido llevados a este sitio.

Si el Diluvio hubiera conducido las conchas a distancia de tres y cuatrocientas millas de la orilla marina, las hubiera llevado mezcladas con otros muchos objetos naturales, y apiñadas unas al lado de otras. Incluso a una distancia del mar, como estas, observamos jibias, ostras y crustáceos, además de otras conchas que están amontonadas y sin vida. Estas conchas aparecen alejadas unas de otras, como lo podemos ver en las orillas del mar cada día.

Asimismo encontramos ostras formando enormes familias, entre las que se pueden observar varias con sus conchas aun adheridas, lo que evidencia que, cuando el estrecho de Gibraltar se abrió paso, el mar las dejó ahí con vida. Aun podemos ver en los montes de Parma y Piacenza enormes cantidades de conchas y corales agujereados pegados a las piedras...

Se encuentran, bajo tierra y en las canteras, maderas y vigas que se han ennegrecido. Muestra de ello la tenemos en las excavaciones llevadas a cabo en Castel Florentino. En ese sitio profundo fueron enterradas antes de que la arena depositada por el agua en el mar, y que después envolvió la llanura, se hubiera levantado tanto, y antes de que hubieran disminuido los llanos de Casentino debido al levantamiento de tierra que el Arno estaba arrastrando continuamente...

La roca de los montes de Verona aparece entremezclada con conchas transformadas en aquella; con cemento de la misma sustancia de la piedra, la boca de varias de ellas aparece sellada. En algunos lados han quedado apartadas de la masa pétrea que las rodeaba, ya que la cubierta exterior de la concha no había permitido la unión. En otros sitios, este cemento había petrificado la capa exterior, ya rota y vieja.

Si se afirmara que todas estas conchas han sido y están siendo permanentemente producidas por la naturaleza y potencia del cielo en tales sitios, no es razonable una opinión así, debido a que en el mismo caparazón de las conchas están numerados los años de su crecimiento. Se pueden ver grandes y pequeñas, y todas estas no hubieran podido ser alimentadas sin moverse ni crecer sin alimento, y aquí el movimiento no es posible.

Si se afirmara que el Diluvio arrastró a cientos de millas del mar esas conchas, esto no pudo ocurrir de esta manera, ya que el Diluvio fue causado por las lluvias, y estas empujan los ríos, con los objetos que arrastran, hacia el mar, y no arrojan las cosas muertas de las orillas marítimas a los montes.

Si se afirmara que el Diluvio con sus aguas se levantó por encima de las montañas, el movimiento del mar en su trayecto contra el recorrido de los ríos tendría que haber sido tan lento que no hubiera logrado arrastrar objetos pesados flotando sobre él. Incluso suponiendo que los hubiera soportado, al alejarse, los hubiera dispersado por diferentes sitios. ¿Y entonces cómo podríamos explicar los corales que están cada día alrededor de Monferrato, en Lombardía, con agujeros de gusanos en ellos y adheridos a las rocas que han sido desabrigadas por las corrientes de las aguas? Estas rocas, todas, se encuentran cubiertas con colonias y grupos de ostras, que, como ya conocemos, no se mueven, sino que siempre permanecen, por una de sus válvulas, fijas a las rocas, al tiempo que con la otra se abren para comerse los pececillos que nadan en el agua, y que esperando hallar buen pasto, se transforman en alimento de estas conchas.

Es aquí donde surge la siguiente duda: si fue o no universal la inundación que sucedió en tiempos de Noé. Por las siguientes razones no parece que fuera universal: por la Biblia sabemos que el Diluvio fueron cuarenta días y cuarenta noches de lluvia universal e incesante, y que esta lluvia rebasó diez codos las cúspides más elevadas de la Tierra. Si hubiese sido universal esta lluvia, hubiera formado una especie de cubierta en torno al globo esférico, pero, al tener la superficie esférica todos sus lados equidistantes del centro de su esfera, y al hallarse las aguas en las mencionadas condiciones, no es posible que el agua de la superficie se mueva, debido a que el agua no se mueve de manera espontánea, a no ser para bajar.

¿Cómo se pudo retirar el agua de una inundación así, si está demostrado que no tenía movimiento ni fuerza? Y si se retiró, ¿cómo se pudo mover si no fue hacia arriba? Todas las razones nos fallan aquí. Para aclarar una duda de esta clase tendríamos qué recurrir al milagro o aseverar que el calor solar evaporó toda esta agua.

b) Ríos y estratos.

De los distintos grados de velocidad de las corrientes desde la superficie del agua hasta la profundidad.

De los distintos declives que se atraviesan entre la superficie y la profundidad.

De las diferentes corrientes en la superficie de las aguas.

De las distintas corrientes en las cuencas de los ríos.

De las distintas profundidades de los ríos.

De las distintas formas de las colinas cubiertas por las aguas.

De las distintas formas de colinas no cubiertas por las aguas.

Dónde el agua es veloz en la profundidad y no arriba.

Dónde el agua es lenta arriba y abajo, siendo veloz en el medio.

Dónde es lenta en el medio, siendo rápida arriba y abajo.

Dónde el agua de los ríos se expande y dónde se vuelve angosta.

Dónde se endereza y dónde se tuerce.

Dónde penetra en los ensanches de los ríos a nivel y dónde a desnivel.

Dónde es alta a los lados y baja en el medio.

Dónde es baja a los lados y alta en el medio.

Dónde la corriente va recta en el centro del río.

Dónde la corriente zigzaguea, lanzándose por diferentes lados.

De las distintas inclinaciones en el descenso de las aguas.

¿En qué consiste la corriente de agua?

La corriente de agua consiste en la unión de los flujos que rebotan de la orilla del río hacia su centro, en el que las dos corrientes de agua confluyen, al ser devueltas desde las orillas opuestas del río. Cuando estas aguas se encuentran, producen las olas más enormes del río, y al caer otra vez en el agua la penetran y, como si fueran una sustancia más pesada que el resto del agua, chocan contra el fondo. De esa manera se restriegan contra el fondo, lo surcan y devoran llevándose con ellas los objetos que han desalojado. Debido a eso, siempre la profundidad más grande del agua de un río está debajo de la mayor corriente.

Llegué a la conclusión de que en épocas remotas la superficie de la tierra estuvo totalmente cubierta con aguas saladas en sus llanuras, y que las montañas, esqueleto de la tierra con sus enormes cimientos, resaltaban en el aire, cubiertos y revestidos de un inmenso grosor de tierra. Después, las lluvias continuas hicieron crecer los ríos y el paso incesante de las aguas puso al descubierto las cimas elevadas de las montañas, de tal forma que ha desaparecido de estos lugares y la roca se encuentra expuesta a la tierra y al aire. La tierra de las pendientes y de las cimas de las montañas ya ha descendido a sus cimientos, ha levantado la profundidad de los mares que rodean estas bases, ha descubierto las llanuras, y ha apartado los mares a distancias muy grandes en algunas partes.

Siempre encontraremos en cada cavidad de la cumbre de las montañas la división en las rocas de los estratos.

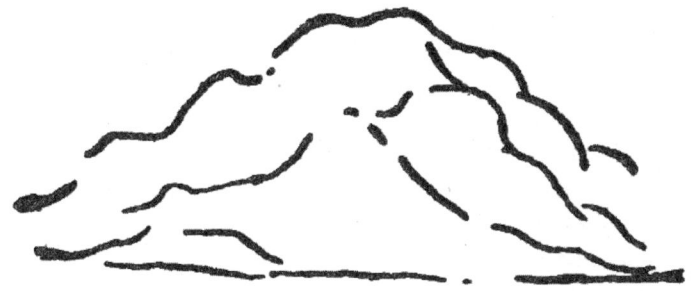

En un principio, los valles, en gran parte, fueron cubiertos por lagos, ya que su suelo siempre forma las riberas de los ríos. Igualmente, estaban cubiertos por mares, que, gracias a la constante acción de los ríos, cruzan las montañas. Con su curso errante, los ríos se llevaron las altiplanicies rodeadas de montañas. Los cortes de estos los podemos observar en los estratos de las rocas que corresponden a los cortes realizados en los cursos mencionados.

Un río que desciende las montañas deposita en su cauce una inmensa cantidad de grandes piedras. Estas aun retienen parte de sus salientes. Arrastra piedras más pequeñas cuando sigue su curso, que ya tienen más gastadas sus esquinas. De este modo, las piedras grandes se convierten en pequeñas, y más adelante primero deposita arena gruesa y después más fina. De esa manera sigue el agua turbia con guijarros y arena hasta alcanzar al mar.

En las orillas del mar queda depositada la arena al ser arrojada hacia atrás por las olas saladas, hasta que la arena se convierte en una arena tan fina que casi llega a asemejarse al agua. No se queda en las orillas del mar, sino que vuelve con la ola gracias a su bajo peso, al encontrase compuesta de hojas marchitas y otras cosas livianas. Por consiguiente, al ser de naturaleza similar al agua, como ya hemos comentado, cuando el tiempo está tranquilo, cae y se coloca en las profundidades del mar, donde, por su misma sutileza, se comprime y resiste las olas que pasan por encima de ella. Hay conchas en esta arena, siendo adecuada para la cerámica y de color blanco.

Todas las corrientes de agua, que descienden de las montañas en dirección al mar llevan piedras en ellas provenientes de esas montañas hacia el mar. Con el lanzamiento del agua del mar hacia atrás contra las montañas, estas piedras fueron arrojadas hacia la montaña nuevamente. En esta oscilación hacia el mar y hacia fuera, las piedras comenzaron a rodar y a chocar unas contra otras, con lo que los lados menos resistentes a los golpes se fueron desgastando y dejaron de ser esquinadas para transformarse en redondas, como se puede observar en las orillas del Elba. Las que fueron menos removidas de su sitio de origen se mantuvieron más grandes, mientras que se hicieron más pequeñas las que fueron arrastradas más lejos, hasta el punto de transformarse en pequeños guijarros, después en arena y por último en lodo.

Después que el mar se retiró de las montañas, la sal que sus aguas dejaron junto con la humedad de la tierra, hizo una mezcla de arena y guijarro. La arena se transformó en corteza y el guijarro en roca. Un claro ejemplo de esto lo podemos observar en Adda, cuando surge de las montañas de Como, en el Oglio y Adria, Ticino y Adige, cuando surgen de los Alpes germanos e igualmente, en el Arno del Monte Albano, junto al Monte Lupo, y en Capría, donde las rocas más grandes han sido formadas completamente con guijarros solidificados de distintos colores y piedras.

La estabilidad es lo primero y más importante. Así como debe haber una relación entre la profundidad de los cimientos de las partes que componen los edificios públicos y los templos y el peso que se encuentra sobre ellos, así está compuesta de estratos cada una de las partes de lo profundo de la tierra. A su vez, cada estrato se compone de partes, unas más pesadas y otras más livianas, siendo las más profundas las más pesadas. La causa es que estos estratos están constituidos por el sedimento del agua descargada en el mar por las corrientes de los ríos que en él confluyen. Fue descargada primero la parte más pesada de este sedimento, y así paulatinamente. De esa manera es la acción del agua cuando se mantiene estancada, mientras que arrastra cuando se mueve. Estos estratos de tierra se pueden ver en las orillas de los ríos que en su incesante curso han separado con un profundo desfiladero una montaña de otra, a donde las aguas se han retirado desde los guijarros de las orillas. Esto ha provocado que se seque la sustancia y se transforme en una piedra dura, —sobre todo, el tipo de barro que poseía una composición más fina.

c) El Mediterráneo.

Cada valle ha sido formado por un río, y la proporción entre valles es igual que la que hay entre río y río. El río más grande de la Tierra es el Mediterráneo, que viene hasta el Océano Occidental desde las fuentes del Nilo.

Como mar interior que es, el seno del Mediterráneo recibió sus aguas primordialmente de Europa, África y Asia. Sus aguas emergieron hasta el pie de las montañas que estaban a su alrededor y formaron sus riberas.

Como islas cercadas de agua salada, los picos de los Apeninos se levantaban en este mar. Por detrás de los montes Atlas, ni siquiera África revelaba aun la tierra de sus inmensas llanuras, en unas tres mil millas de extensión, abiertas al firmamento. En este mar estuvo Memphis y por encima de las llanuras de Italia, donde hoy vuelan bandadas de aves, los peces acostumbraban a deambular en multitudes abigarradas.

De la evaporación del agua del Mediterráneo.

Extenso río situado entre Europa, África y Asia, el Mediterráneo reúne alrededor de trescientos ríos principales. Recibe, además, las lluvias que, en una extensión de tres mil millas, se precipitan sobre él. Hace volver sus propias aguas, y las que ha recibido, al vigoroso mar, pero indudablemente devuelve al mar menos agua de la que recibe, porque de él descienden muchos manantiales que circulan por las entrañas de la tierra, reanimando esta máquina terrestre. Esto es de esa manera, debido a que la superficie del Mediterráneo está más distante del centro de la Tierra que la superficie del mar... El calor del sol, además, está incesantemente evaporando una parte de agua del Mediterráneo y, consiguientemente, este mar, a causa de las lluvias, no puede crecer demasiado.

No es uniforme el flujo y reflujo de los mares, ya que en la costa de Génova no existe. Varía dos brazos en Venecia. Y dieciocho entre Inglaterra y Francia. La corriente que circula por los estrechos de Sicilia es bastante fuerte, debido a que por ellos pasan todas las aguas de los ríos que vierten en el Adriático sus aguas.

En el Mar Negro desemboca el Danubio, que en épocas pasadas se extendía casi hasta Austria y cubría toda la llanura por donde el Danubio se desliza actualmente. Esto resulta indiscutible por los restos de grandes peces, berberechos, conchas y ostras que aun se encuentran en muchos sitios de las faldas de aquellas montañas. Este mar se constituyó con el relleno de las colinas de la cordillera Adula, que se extendía hasta el oeste, y unía las colinas de la cordillera Tauro, que se ampliaba hasta el oeste. Al lado de Bitinia, las aguas de este Mar Negro irrumpieron en el Proponto, cayendo en el Mar Egeo, que es el Mar Mediterráneo, donde al final de una serie muy larga de colinas de la cordillera Adula fueron alejadas de las del Taurus. Entonces, el

Mar Negro se hundió y dejó el valle del Danubio desierto con las mencionadas provincias y toda Asia Menor, más allá de la cordillera Tauro, hacia el norte; igual hizo con la llanura que se prolonga desde el Cáucaso al Mar Negro por el occidente, y con la llanura del Don a este lado de los Montes Urales; es decir, a sus pies. De esta forma, el Mar Negro, para descubrir tan extensas llanuras, tiene que haber descendido cerca de mil brazos.

Es innegable que el Nilo está siempre turbio cuando confluye en el mar de Egipto, y que esta turbiedad está provocada por la tierra que arrastra incesantemente de los sitios que cruza. Esta tierra jamás retorna, sino que el mar la recibe a no ser que la lance sobre sus orillas. Miremos el océano de arena al otro lado del Monte Atlas, que en alguna época estuvo cubierto de agua salada y cómo en tan poco tiempo el río Poo pudo secar el Adriático de igual forma que secó una inmensa parte de Lombardía.

3. Agua y aire

Vamos a describir cómo se han formado las nubes y cómo se disuelven; qué es lo que ocurre para que el vapor se levante del agua de la tierra y se dirija hacia el aire; cuál es el origen de las nieblas y cuál es la causa de que el aire se torne espeso; por qué aparece más o menos azul a diferentes horas. También vamos a describir las zonas de aire, la causa del granizo y la nieve; cómo el agua se condensa y se congela. Vamos a hablar de las figuras que la nieve hace en el aire, de las formas en los paisajes fríos de las hojas de los árboles, de las cumbres con hielo y escarcha que configuran raras formas de hierbas con variedad de hojas, y por último de la escarcha que aparece como si actuara como un rocío apropiado para darle alimento a las hojas.

Acústica.

Igual como el movimiento del aire dentro del aire actúa el del agua dentro del agua.

A pesar de que las voces que penetran el aire provienen del movimiento circular de sus fuentes, no obstante, los círculos que son movidos de sus distintos centros se encuentran sin ningún obstáculo, penetrando y cruzándose uno a otro, y manteniendo el centro de donde provienen.

Ya que el agua, en todos los casos del movimiento, tiene una enorme similitud con el aire, voy a citar un ejemplo de este principio: si arrojamos a la vez a una superficie de agua inmóvil dos piedras pequeñas, a cierta distancia una de la otra, veremos que se forman dos series diferentes de círculos alrededor de los dos puntos donde cayeron, y que al crecer de magnitud se encontrarán para después compenetrarse e interferir, conservando siempre por centros los puntos que las piedras golpearon. Esto se puede explicar por el hecho de que aunque en apariencia existe alguna señal de movimiento, el agua no deja su lugar porque las aberturas ocasionadas por las piedras vuelven de manera instantánea a cerrarse nuevamente, y el movimiento producido por la súbita abertura y cierre de agua provoca cierta sacudida, que más bien podríamos describir como un temblor que como un movimiento. Esto aparece mucho más evidente si miramos los fragmentos de una paja, que, por su escaso peso, se encuentran flotando en el agua sin moverse de su posición inicial, aunque son empujados por la onda que gira en forma circular debajo de ellos. Por consiguiente, con la impresión sobre el agua, al tratarse de un temblor más que un movimiento, los círculos, cuando se encuentran, no se pueden romper entre sí, y al tener el agua igual cualidad en todos sus lados, transmite, sin cambiarlas de sitio, el temblor de una a otra. Esto ocurre porque, al permanecer el agua en su posición, puede recibir con facilidad el temblor de las partes contiguas y transmitirlo a las demás, decreciendo su fuerza continuamente hasta el final.

Igual como la piedra lanzada al agua se transforma en centro y origina varios círculos, y el sonido originado en el aire se expande en círculos, de esa manera cada cuerpo colocado dentro del aire luminoso se expande del mismo modo y llena con infinidad de imágenes de sí mismo las partes circundantes, apareciendo todo en cada parte y todo en todo.

El aire.

Es mucho más veloz la irrupción del aire que la del agua y, en consecuencia, son bastantes las ocasiones en las que la onda de aire huye de su lugar de origen, al tiempo que el agua no cambia de posición. De esa manera ocurre en mayo con las ondas que provoca el viento en los campos de cereal, pudiéndose apreciar, sin que las espigas se muevan, el correr de las olas.

Los elementos se transforman unos en otros. Cuando el aire se convierte en agua al entrar en contacto con la región fría, con fuerza atrae hacia sí todo el aire circundante que se mueve rápidamente para llenar el espacio vacío originado por el aire que se dispersó. De este modo las masas de aire se mueven una tras otra hasta conseguir igualar el espacio del que el aire se apartó, produciendo de esa manera el viento. Cuando el agua se transforma en aire, este debe dejar velozmente el sitio que ocupaba al ser llenado por el agua; de esta manera el aire producido lo empuja, produciendo el viento.

La nube o vapor que hay en el aire se desvanecen con el frío y son producidos por el calor. Este lleva las nubes hacia aquél, y va ocupando el sitio dejado por el calor. De este modo, las nubes conducidas de esta forma deben moverse horizontalmente, debido a que el calor las presiona hacia arriba y el frío hacia abajo. Considero que las nubes no se mueven por sí solas, porque al ser iguales dichas fuerzas, contienen la sustancia que se encuentra entre ellas con el mismo poder, y si por casualidad escapara, se diseminaría en todas las direcciones, igual que ocurriría con una esponja empapada de agua, y que al ser exprimida aquella brotaría del centro en todas las direcciones. Consiguientemente, el origen de todos los vientos es el viento del norte.

Será tanto más breve el movimiento del viento, cuanto más impetuoso haya sido su inicio. El fuego cuando salta del mortero nos demuestra esto, dándonos a conocer la forma y la rapidez del aire por el humo que lo penetra y velozmente lo dispersa. En el polvo que levanta en el aire, formando diversos remolinos, se manifiesta la intermitente impetuosidad del viento.

Veamos también cómo entre las cordilleras de los Alpes el choque de los vientos es provocado por el ímpetu de muchas fuerzas. Podemos observar cómo ondean las banderas de los barcos en distintas direcciones; cómo una parte del agua del mar es golpeada y otra no. Igual ocurre en las plazas y en las arenosas riberas de los ríos, donde el polvo es violentamente barrido en unos lados y en otros no. Ya que estos efectos nos demuestran la naturaleza de sus causas, podemos asegurar con toda convicción que tendrá un movimiento más efímero el viento de origen más impetuoso. Esto se puede confirmar por el mencionado experimento que muestra el fugaz movimiento del humo que emerge de la boca del mortero. Esto nace de la resistencia que el aire realiza al ser presionado por el humo, que en sí mismo también siente presión al ofrecer resistencia al viento. Pero si es lento el movimiento del viento, el humo se va a extender considerablemente en línea recta, debido a que el aire penetrado por él no se va a condensar ni va a entorpecer su movimiento, sino que se expandirá con facilidad, alargando por dilatados espacios su curso.

4. TIERRA, AGUA, AIRE Y FUEGO

Del color de la atmósfera.

Considero que el azul que observamos en la atmósfera no es su propio color, sino que está causado por la cálida humedad evaporada en imperceptibles y pequeñísimos átomos, sobre los que caen los rayos del sol, tornándolos resplandecientes contrastando con la inmensa oscuridad de la zona del fuego que sobre ellos forma una envoltura. Todo aquel que remonte el Monte Rosa, un pico de los Alpes, que separa Francia de Italia, puede verlo, como yo mismo lo vi... Pude observar allí la atmósfera oscura sobre mi cabeza y el sol brillando sobre las montañas, un sol que era más luminoso que en las bajas llanuras, al ser menor la extensión de la atmósfera que hay entre el sol y las cumbres.

Nos podemos referir al humo de la madera vieja y seca como una posterior ilustración del color de la atmósfera. Nos parece de un azul intenso cuando emerge por las chimeneas al ser mirado en contraste con un espacio oscuro. Pero cuando se alza a más altura y lo observamos contrastado con una atmósfera luminosa, de inmediato se vuelve de color gris ceniza. Esto ocurre porque no hay oscuridad al fondo...

Si el humo proviene de una madera fresca y verde no va a ser de color azul, porque al no estar fuertemente cargado de humedad y no ser transparente, provocará el efecto de una densa nube que recibe diferentes luces y sombras, como si se tratara de un cuerpo sólido. Igual sucede en la atmósfera, cuya humedad excesiva la vuelve blanca, al tiempo que la escasa humedad, recibiendo la influencia del calor, la torna oscura, de una tonalidad azul oscuro... Si el color natural de la atmósfera fuera este azul transparente, se seguiría que donde quiera que una cantidad mayor de atmósfera se interpusiese entre la mirada y el fuego, sería más intensa la sombra del azul. De esa manera lo observamos en el cristal azul y en el zafiro, que resultan más oscuros, cuanto más gruesos son. Sin embargo, la atmósfera en semejantes circunstancias actúa de forma completamente diferente, ya que donde existe una cantidad mayor de aquella entre la mirada y la esfera de fuego, en dirección hacia el horizonte aparece mucho más blanca. Cuanto menor es la extensión de la atmósfera entre la mirada y la esfera de fuego, tanto más intenso aparece el azul, incluso cuando nos encontramos en las llanuras bajas.

Por consiguiente, de aquí se sigue que la atmósfera obtiene este color azulado gracias a las partículas de humedad que alcanzan los luminosos rayos solares.

Demostremos que la superficie del aire en el punto en que limita con el fuego, y la superficie de la esfera del fuego en su final, están penetradas por los rayos del sol, que transmiten las imágenes de los cuerpos celestes, pequeños cuando se encuentran en el meridiano y grandes cuando suben.

Imaginemos que NDM sea la superficie del aire que limita con la esfera de fuego y A la tierra; la órbita del sol es HFG. Entonces, cuando en el horizonte, G, aparece el sol se ven sus rayos cruzando en un ángulo inclinado, OM, la superficie del aire, no ocurriendo igual en DK. De este modo cruza una masa de aire mayor.

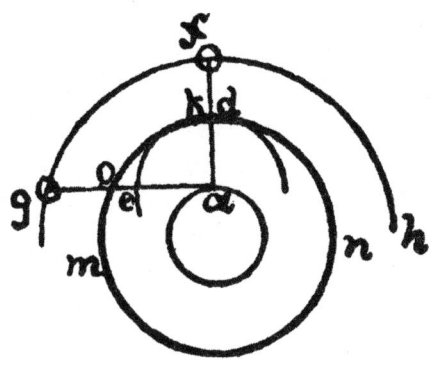

Del calor que hay en la Tierra.

Hay calor donde existe vida y hay movimiento de vapor donde hay calor vital. Esto lo podemos comprobar al verificar que el calor del fuego siempre arrastra espesas nieblas y vapores húmedos, así como nubes opacas que alza de los mares, ríos, valles y lagos. Cuando todo esto es atraído progresivamente hasta la región fría, la primera porción se detiene, debido a que la humedad y el calor no pueden coexistir con la sequedad y el frío. Donde se detiene la primera porción el resto se sitúa, y de esa manera, agregando porción tras porción, se constituyen oscuras y espesas nubes. Frecuentemente son mecidas y trasladadas por los vientos de una zona a otra, donde se hacen tan pesadas por su densidad que degeneran en lluvia torrencial. Las nubes son lanzadas a mayor altura con el calor del sol, y forman hielo al hallar un frío más intenso, precipitándose en tempestades de granizo. El mismo calor, que alza un peso tan enorme de agua como podemos apreciar en el agua de las nubes, las arrastra de abajo arriba desde la misma base de las montañas, llevándolas a la cumbre de las mismas y reteniéndolas allí. Estas son las aguas que, encontrando algunas grietas, bajan incesantemente y originan los ríos.

Igual que el agua sale, al exprimir una esponja, por distintos conductos, o el aire de unos fuelles, de esa manera ocurre con las nubes transparentes y sutiles que, por la fuerza producida por el calor, son llevadas a la altura. La primera en llegar a la región fría es la parte más alta y allí, detenida por la sequedad y el frío, espera al resto de la nube. Subiendo hacia la que está parada, la parte inferior impele al aire que, a modo de una jeringa, está en medio. De este modo, el aire escapa de forma horizontal y hacia abajo. No puede ir hacia arriba por hallar la nube tan espesa que no la puede cruzar.

Por este motivo todos los vientos que atacan la superficie de la tierra bajan de arriba. Al chocar contra la resistencia de la tierra originan un movimiento de rechazo, que en su subida se encuentra con el viento que desciende. Debido a esto, se rompe su ascenso ordenado y natural, y tomando un camino transversal, corre de forma violenta y roza la superficie de la tierra continuamente.

Al chocar estos vientos chocan contra las aguas saladas, su dirección se puede mirar con claridad en el ángulo que se forma entre las líneas de rebote y de incidencia. De esta forma se originan las arrolladoras y amenazantes olas, de las que una es origen de la otra.

Igual como el calor natural esparcido por los miembros del cuerpo es contrarrestado por el frío circundante, su opuesto y adversario, y se hace fuerte volviendo al hígado y al corazón, convirtiendo a estos órganos en su defensa y fortaleza, de esa manera las nubes, por estar compuestas de calor y humedad y en la época veraniega de ciertos vapores secos, al hallarse en la zona fría y seca, actúan como varias flores y hojas que, cuando son atacadas por el frío de la escarcha, comprimiéndose con el frío, ofrecen una enorme resistencia.

En su contacto inicial con el aire frío, las nubes comienzan a resistirse negándose a seguir. Las de abajo continúan levantándose, mientras que la parte de arriba, cuando se estaciona, se va haciendo más espesa. El calor y la sequedad se retiran al centro, y al dejar el calor la parte superior, empiezan a congelarse o más bien a diluirse. Las nubes de abajo continúan levantándose y presionando el calor aproximándolo al frío. De este modo el calor, al ser obligado a volver a su elemento original, se convierte súbitamente en fuego y se cruza con el vapor seco. El calor aumenta excesivamente en el centro de la nube y, encendiéndose en la nube que se ha enfriado, produce un sonido similar al del agua cuando cae aceite hirviendo o un pez, o al del cobre fundido al ser lanzado en agua fría. Incluso de esa manera, echado fuera por su opuesto, dispersa la nube que le pondría resistencia y, cruzando el aire, rompe y destruye todo lo que se le opone, produciendo de esa forma el relámpago.

Donde la llama no puede existir,
no puede vivir ningún animal que respire.

El primer origen de la llama es su parte inferior y todo su combustible pasa por ella. Esa parte tiene un brillo menos intenso y posee menos calor que el resto de la llama; es ahí donde se purifica y se consume el combustible y es de color azul. La otra parte tiene forma esférica, es más brillante y, cuando se produce la llama, es la primera en existir. Después de un breve espacio de vida, esta parte produce en la parte superior una llama muy pequeña de color radiante y en forma de corazón con la punta vuelta hacia el cielo. Mientras absorba la sustancia que la alimente, esta continúa produciéndose infinitamente.

La llama azul tiene la forma de una esfera... y, hasta haber calentado suficientemente el aire circundante, no consigue una configuración piramidal. El principal calor de esta llama azulada asciende en la dirección por la que desea propagarse, que es el camino más breve a la esfera de fuego.

Por sí mismo, el color de la llama azul no se mueve, ni tampoco el combustible procedente de la vela. Otros factores deben producir el movimiento, es decir, por el aire que arremete para rellenar el vacío creado por el aire que había sido consumido por la llama previamente. La llama produce el vacío y el aire va a llenarlo.

5. MICROCOSMO Y MACROCOSMO

Comienzo del tratado sobre el agua.

Con toda la razón, los antiguos hablan del hombre como de un microcosmos, debido a que si el hombre está compuesto de fuego, tierra, aire y agua, la composición del mundo es semejante. Igual como el hombre posee huesos que representan la estructura y soporte de la carne, el mundo posee piedras que son el sostén de la tierra. Igual como el ser humano tiene una especie de depósito de sangre en los pulmones, al respirar, se contraen y dilatan, del mismo modo el cuerpo de la tierra posee su océano, que también asciende y desciende con la respiración del mundo cada seis horas. Igual que del depósito del cuerpo humano brotan las venas que extienden sus ramificaciones por todo el organismo, de esa manera el océano llena, con un sinfín de conductos de agua, el cuerpo de la tierra...

No obstante, en la tierra faltan los nervios, justamente porque estos tienen como función el movimiento y no son necesarios, ya que el mundo siempre está en equilibrio y no tiene ningún movimiento. El ser humano y la tierra, por lo demás, son muy similares.

Explicación de la presencia del agua en la cumbre de las montañas.

Considero que igual como el calor natural de la sangre permanece en la cabeza del hombre, y cuando este fallece la sangre fría desciende a las partes inferiores, y de esa manera como cuando el sol calienta la cabeza del hombre se incrementa la cantidad de sangre, creciendo de tal modo acompañada con otros humores que produce dolor de cabeza por la presión de las venas, igual ocurre con los manantiales que se bifurcan por todo el cuerpo de la tierra, en los que el agua se mantiene en los manantiales de la cumbre de las montañas motivado al calor natural que se propaga por todo el cuerpo. El agua que pase por un conducto cerrado en el cuerpo de la montaña no brotará porque no ha sido caldeada por el importante calor del primer manantial, pareciéndose a un cuerpo inanimado. Más todavía, durante el día el calor del fuego y del sol posee fuerza para estimular la humedad de los sitios bajos de las montañas y elevarla, igual que levantan las nubes y hacen salir del seno del mar la humedad.

La misma razón que mueve los humores en todo tipo de cuerpos vivos en contra de la ley de la gravedad también empuja el agua por las venas de la tierra donde se encuentra encerrada y la distribuye por conductos pequeños. Igual que la sangre asciende y se derrama por las venas de la frente y el agua sube de la parte inferior de la vid hasta los tallos que se cortan, de esa manera el agua asciende del fondo del mar a la cumbre de las montañas, donde cuando se rompen los conductos se derrama y vuelve a las profundidades del mar. De este modo se hace rotatorio el movimiento del agua dentro y fuera de la tierra: en unas ocasiones se le obliga a ascender y en otras desciende con total libertad. De esa manera da incesantes vueltas en todas las direcciones, jamás se mantiene quieta ni en su naturaleza ni en su recorrido.

El agua no posee nada propio, pero se apodera de todo y se transforma según la naturaleza de los sitios que cruza. Actúa igual que un espejo que refleja las imágenes de los objetos que pasan cerca de él. Continuamente está cambiando de acuerdo con el color y el lugar. En unas oportunidades adquiere nuevos olores y gustos, otras retiene nuevas cualidades o sustancias. En unas ocasiones provoca la muerte y otras la salud. Se mezcla, algunas veces, con el aire o se deja levantar por el calor a lo alto, y cuando llega a la región fría, es expulsado por el frío el calor que la guió hacia arriba. E igual que la mano aprieta la esponja en el agua y cuando sale esta inunda el resto del agua, de esa manera el frío presiona el aire que está mezclado con aquella, haciendo que salga con fuerza y empuje el resto del aire. De esa manera es como se produce el viento.

Para aquellos que lo observan lo más admirable es la elevación del agua desde las más recónditas profundidades del mar hasta las cumbres más elevadas de las montañas, a la par con su descenso al mar irrumpiendo por los conductos rotos, recorriendo una y otra vez este circuito y haciendo que permanezca en incesante circulación. De esa manera el agua continúa su recorrido, yendo de las alturas a las profundidades, saliendo y entrando, en unas ocasiones con movimiento natural y, en otras, casual. Esta circulación rotatoria y continua se asemeja a la de la vid, en la que el agua, a través de sus tallos cortados, se derrama, cae en las raíces, asciende nuevamente por los conductos, cae otra vez y permanece de esa forma en incesante circulación.

El agua que entra en contacto con el aire mediante los conductos rotos de las altas cumbres de los montes pierde la fuerza que la llevó allí y toma su curso natural nuevamente. De igual modo, el agua que asciende de las raíces de la vid hasta lo más elevado de ella cae sobre las raíces a través de las ramas cortadas para ascender nuevamente a su lugar de origen.

6. UN ESPÍRITU ENTRE LOS ELEMENTOS: SUS LIMITACIONES

Dijimos que un espíritu se define como una fuerza fusionada con el cuerpo, debido a que por sí solo no puede ni moverse ni subir. Si aseguramos que sube por sí solo no puede estar en los elementos, ya que si el espíritu es una cantidad inmaterial, esta cantidad recibe el nombre de vacío, y en la naturaleza este no existe.

Imaginando que se formara un vacío, de inmediato se llenaría por la precipitación en él del elemento producido por ese vacío. Por ende, partiendo del concepto de peso que asevera que la gravedad es una fuerza accidental, causada por el rechazo o atracción de un elemento hacia otro, se presume que cualquier elemento sin peso en un lado obtiene peso al pasar al elemento que está arriba de él y que es más liviano. Observemos que una parte de agua cuando se fusiona con otra no posee gravedad o ligereza, pero, si se eleva hacia el aire, obtendrá peso. Y si sacáramos el aire que hay debajo del agua, entonces esta, al estar por encima del aire, obtendría peso. Este peso no se puede sostener por sí solo y, en consecuencia, su colapso no se podría evitar. Precisamente al agua caerá donde exista un vacío.

Igual ocurriría a un espíritu si se encontrara entre los elementos. En cualquiera de los elementos en que se encontrara crearía un continuo vacío y estaría, por este motivo, volando permanentemente hacia el cielo hasta haber dejado esos elementos atrás.

Acerca de si, entre los elementos,
un espíritu tiene cuerpo.

Hemos demostrado que un espíritu sin un cuerpo no puede existir por sí solo entre los elementos, ni puede moverse por sí solo de forma voluntaria a no ser para elevarse. Decimos ahora que un espíritu tal, cuando toma un cuerpo aéreo, debe mezclarse necesariamente con el aire, porque si se mantuviera unido, el aire se separaría y, al producirse el vacío, caería. Por tanto, forzosamente, si es capaz de permanecer suspendido en el aire, va a absorber una cierta cantidad del mismo. Surgirían dos inconvenientes si se mezclara con el aire: que enrarecería esa porción de aire con la que se mezcla y, por este motivo, el aire enrarecido volaría de manera espontánea y no permanecería entre el aire que es más pesado que él. Es más, cuando se difunde esta esencia espiritual se aparta y modifica su naturaleza, perdiendo de esta manera algo de su fuerza inicial. Se debe agregar un tercer problema: este cuerpo de aire tomado del espíritu se encuentra expuesto a los vientos hirientes, los que están continuamente

fragmentando y separando las porciones unidas de aire arremo-
linándolas y revolviéndolas en medio del otro aire. Debido a eso
se desmembraría y dividiría el espíritu que se infunde en este aire
con el aire al que se agregó.

Acerca de si puede moverse o no el
espíritu que ha tomado un cuerpo aéreo.

No es posible que el espíritu inculcado en cierta cantidad
de aire posea fuerza para moverlo. Esto lo hemos demostrado
cuando dijimos que el espíritu enrarece la porción de aire en la
que ha entrado. De aquí que un aire así se alce sobre el otro, y
el mismo aire hará este movimiento gracias a su propia ligereza
y no al voluntario movimiento de espíritu. Si sale el viento al
encuentro del aire, este aire, por la tercera razón mencionada, no
será movido por el espíritu, si no por el viento.

Acerca de si puede hablar
o no el espíritu.

Cuando se quiere probar si el espíritu puede hablar o no,
primero es preciso definir qué es la voz y cómo es producida.
La vamos a describir de esta manera: la voz es movimiento de
aire friccionado contra un cuerpo denso o de un cuerpo denso
friccionado con el aire, que es igual. Esta fricción del denso con
el de poca densidad condensa el de menos densidad y provoca
resistencia. Es más, dos de poca densidad, uno moviéndose rápidamente y otro con movimiento pausado, se condensan uno
a otro cuando entran en contacto y causan un enorme ruido. El
sonido que produce uno de poca densidad moviéndose a través
de otro del mismo estilo a una moderada rapidez, es como una
inmensa llama que hace ruidos en el aire. El ruido más fuerte
hecho por los pocos densos sucede cuando moviéndose uno rá-

pidamente penetra en el otro que se encuentra en movimiento. Y se puede poner como ejemplo la llama de fuego que brota de un gran cañón cuando choca con el aire, e igual la llama que emerge de la nube que golpea el aire y de esa manera produce los relámpagos.

Podemos afirmar de aquí que el espíritu, sin movimiento de aire, es incapaz de producir una voz, y en él no existe ninguno, por lo que no puede emitir lo que no posee. Si desea mover el aire en el que se encuentra difundido tendrá, obligatoriamente, que multiplicarse a sí mismo, y lo que no tiene cantidad no se puede multiplicar. Y si ya hemos mencionado que no se puede mover nada de poca densidad a no ser que posea un punto estable de donde tomar su movimiento, con mucha más razón en el caso de un elemento que se mueve en su mismo elemento y no se mueve por sí solo, con excepción de por la uniforme evaporación en el centro del objeto evaporado, como ocurre con una esponja que se exprime con la mano debajo del agua. Con idéntico movimiento, el agua se escapa en todas las direcciones a través de las aberturas que hay entre los dedos de la mano que la exprime.

Acerca de si el espíritu posee voz articulada y si se le puede escuchar. Definición del oído y de la vista. Cómo las imágenes de los objetos pasan al ojo y cómo la onda de la voz pasa por el aire.

Donde no hay moción o percusión del aire no puede haber voz; donde no hay instrumento no puede haber percusión del aire; sin un cuerpo no puede haber instrumento. Entonces, siendo esto así, un espíritu no puede poseer ni forma, ni fuerza, ni voz. Y si se posesionara de un cuerpo, no podría entrar donde están cerradas las puertas. Si alguno afirmara que un espíritu puede asumir cuerpos de diferentes formas por el aire acumulado y condensado, y puede hablar y moverse con fuerza por un instrumento así, yo le contestaría que donde no existen nervios ni huesos no se puede ejercer ninguna fuerza en ningún movimiento realizado por espíritus imaginarios.

7. LA BÓVEDA DEL CIELO

Con el fin de conocer la naturaleza de los planetas miremos la base de uno de ellos. El movimiento que se refleja en esta base nos revelará su naturaleza, pero debemos tratar de que la base refleje uno solo en cada instante.

Para ver la luna grande preparemos anteojos.

Es posible hallar medios a través de los cuales el ojo pueda observar objetos distantes que no ve cuando se encuentran en su perspectiva natural, por estar muy disminuidos debido a la convexidad del ojo, que obligatoriamente corta en su superficie las pirámides de toda imagen transmitida entre ángulos rectos esféricos al ojo. Gracias al método que enseño aquí, estas pirámides se cortan en los ángulos rectos cercanos a la pupila. Todo nuestro hemisferio es recibido por la pupila convexa del ojo, mientras que por ese método únicamente aparecerá una estrella. Ahora bien, donde numerosas estrellas pequeñas transmiten sus imágenes a la superficie de la pupila aquellas serán pequeñas; al contrario, al mirarse únicamente una estrella, esta será grande e igualmente la luna será más grande y sus puntos más nítidos. Tendríamos que poner un vaso lleno de agua cerca del ojo..., debido a que esta agua hace que las cosas que se encuentran cristalizadas en bolas de vidrio aparezcan como si estuvieran sin él.

Acerca del ojo.

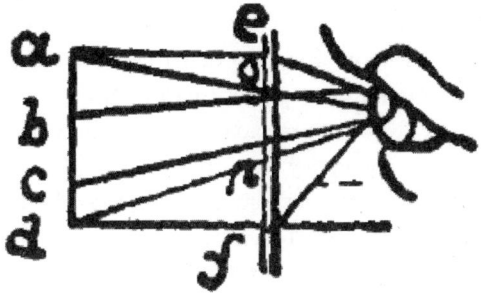

De entre los cuerpos más pequeños que la pupila del ojo, el más cercano al ojo será el menos perceptible.

Gracias a esta experiencia pudimos conocer que el poder de la vista no se limita a un punto..., sino que las imágenes de las cosas transmitidas a la pupila del ojo son distribuidas en la pupila igual que se distribuyen en el aire. Demostración de ello la tenemos cuando observamos el firmamento estrellado sin mirar más fijamente una estrella que otra. Entonces, el cielo aparece lleno de estrellas y sus proporciones son exactas en el cielo y en el ojo, ocurriendo igual con los espacios que están entre ellas.

La luna.

La luna no posee luz por sí sola, sino que la recibe por el sol cuando es iluminada; del lado iluminado, nosotros vemos la parte que tenemos enfrente. Al caer la noche sobre la luna, esta recibe tanta luz como le suministran nuestras aguas al reflejar la luz del sol sobre ella, que es proyectada por todas esas aguas que miran a la luna y al sol.

Siempre, la superficie de las aguas de la tierra y de la luna está más o menos arrugada, y este pliegue es el motivo de la expansión de numerosas imágenes del sol que se reflejan en los valles, laderas, promontorios y crestas de cuantiosas olas, esto es, en tantos puntos distintos de cada ola cuantos diferentes son los puntos de observación. Esto no ocurriría si la esfera del agua, que cubre la luna en gran parte, fuera esférica de manera uniforme, porque entonces para cada ojo habría una imagen del sol, serían esféricos sus reflejos y siempre su resplandor sería esférico, como se puede ver con claridad en las esferas doradas situadas en lo más alto de los edificios. Pero si esas esferas doradas estuvieran rugosas o formadas por glóbulos igual que las moras, una fruta negra compuesta de bolas pequeñas, entonces cada parte de esas diminutas bolas visibles al ojo y al sol mostrarían al ojo el resplandor ocasionado por el reflejo solar. De esa manera, se verían muchos soles pequeñísimos en el mismo cuerpo. Estos se combinarían a lo lejos y aparecerían perennes.

Nada que sea de peso liviano se mantiene entre cosas menos livianas. Decimos en referencia a si la luna se asienta en los elementos que están a su alrededor: si la luna, a diferencia de la tierra, no tiene su asiento entre los elementos, ¿cómo es que no cae sobre nuestros elementos terráqueos? Si no es sostenida por sus elementos y, pese a eso no se cae, debe ser menos pesada que los elementos que están a su alrededor. Pero si es menos pesada que los demás elementos, ¿por qué es no transparente y sólida?

Prueba de que la tierra es una estrella.

Tenemos que demostrar que la tierra es la gloria de nuestro universo y es una estrella muy similar a la luna, y a continuación de la magnitud de diversas estrellas, según señalan los autores.

El sol no se mueve.
Alabanza al sol.

Si observamos a las estrellas sin sus rayos (como se puede hacer mirándolas por un agujero pequeño realizado con la punta de una aguja fina y situado casi en contacto con el ojo), las veremos tan minúsculas que nada podría parecer más intrascendente. De hecho, la inmensa distancia es la causa de su pequeñez, debido a que bastante de ellas son muchísimas veces más grandes que la estrella formada por el agua y la tierra. Entonces consideremos a qué se asemejaría esta estrella nuestra a una distancia tan grande y pensemos cuántas estrellas podrían colocarse, de forma longitudinal y a lo ancho, entre estas estrellas que se encuentran dispersas por el espacio oscuro. Solo puedo recriminar a muchos de los antiguos que aseguraban que el sol no es más grande de lo que parece, entre los que estaba Epicuro. Yo pienso que él razonó de esa manera por los efectos de una luz equidistante del centro y colocada en nuestra atmósfera, ya que cualquiera que la mire jamás la observa, a ninguna distancia, disminuida...

Desearía tener palabras adecuadas para criticar a aquellos que alaban naturalmente el culto a los seres humanos por encima del culto al sol. No encuentro en todo el universo un cuerpo de mayor fuerza y magnitud que este. Todos los cuerpos celestes distribuidos por el universo son iluminados por su luz. De él procede toda fuerza vital, ya que el calor que hay en las criaturas vivientes proviene de la chispa vital, del alma, y en el universo no existe otro calor ni otra luz... Sin ninguna duda, los que eligieron adorar a los seres humanos como dioses, por ejemplo, Saturno, Marte, Júpiter, cometieron una equivocación muy grave considerando que incluso si un hombre tuviera un gran tamaño como nuestra tierra parecería una de las estrellas más diminutas, algo parecido a una mota en el universo. Agréguese a esto que los seres humanos son mortales y sujetos en sus tumbas a la corrupción y a la ruina. Son muchos los que, junto a Spera y Marullo, alaban al sol.

VII. El vuelo

1. Movimiento por viento y agua

La más noble y útil de todas es la ciencia instrumental o mecánica, debido a que a través de ella todos los cuerpos vivos que tienen movimiento ejecutan sus acciones. Estos movimientos se originan en el centro de su gravedad que está en el medio, junto a pesos desiguales, y que tiene palanca y contrapalanca, así como abundancia y escasez de músculos.

Tratemos, antes de escribir sobre seres que tienen la habilidad de volar, acerca de las cosas sin vida que bajan por el aire sin necesidad de viento y también sobre las que bajan ayudadas por él.

Con la finalidad de explicar la auténtica ciencia del vuelo de los pájaros en el aire, tenemos que hablar inicialmente de la ciencia de los vientos, que comprobaremos por el movimiento de las aguas. La comprensión de esta ciencia, que se puede estudiar con los sentidos, nos será útil como peldaño para llegar al conocimiento de todo lo que vuela en el viento y en el aire.

Vamos a dividir en cuatro libros el tratado sobre las aves. El que trata de su vuelo agitando sus alas es el primero. El segundo, del vuelo con el auxilio del viento y sin agitar sus alas. Del vuelo en general, así como el de los animales, insectos, pájaros, murciélagos y peces, trata el tercer libro. Y sobre el mecanismo del movimiento, el último.

En primer lugar, expliquemos el movimiento del viento y describamos cómo las aves se conducen por él únicamente con el simple balanceo de la cola y de las alas. Esto lo vamos a tratar después de explicar su anatomía.

Del movimiento de las aves.

Hay que explicar en el primer libro, para tratar de este tema, la naturaleza de la resistencia del aire. La anatomía del ave y sus alas en el segundo. El método de funcionamiento de sus alas en los distintos movimientos, en el tercero. En el cuarto, la fuerza de la cola y de las alas cuando las alas no se mueven y cuando el viento es favorable para guiarlo en los diferentes movimientos.

Qué es el ímpetu.

El ímpetu es una fuerza que se transmite del instrumento propulsor al objeto movido, y sostenida por la onda del aire dentro del aire que produce el propulsor. Se origina del vacío que se causaría, en contra de la ley natural, si el aire que está delante de él no llena el vacío, haciendo que el aire se escape, que es empujado de su lugar por dicho motor. El aire que le antecede no llenaría el sitio del que ha dejado si no fuera porque otro cuerpo llenó el sitio del que este se separó... Este movimiento seguiría infinitamente si el aire fuera capaz de ser condensado sin final.

El ímpetu es la impresión de un movimiento local que es transmitido al móvil por el motor y mantenido por el aire o por el agua cuando se mueve para evitar el vacío.

El ímpetu del móvil en el agua es distinto al del móvil en el aire. Estas diferencias resultan de las disparidades de estos elementos, debido a que el agua no es condensable y el aire sí.

El ímpetu del agua se divide en dos partes, una compuesta y otra simple. La compuesta está entre el aire y el agua, como en los botes; la simple está íntegramente bajo la superficie del agua.

El ímpetu simple, ante el movimiento del pez, no condensa el agua sino que hace que retroceda con la misma velocidad que lo hace el motor. De esa manera, la ola de agua jamás será más veloz que su motor.

Al contrario, el movimiento de la barca, denominado movimiento complejo, debido a que participa del agua y del aire, por ir en tres direcciones se divide en tres partes primordiales: en la dirección de la corriente, contra la trayectoria del río y de forma transversal, es decir, a través de la anchura del río.

Todo movimiento conservará su curso o, más bien, todo cuerpo cuando es movido seguirá su curso mientras la fuerza del impulso se mantenga.

El ímpetu originado en agua estancada es de efecto diferente al producido en el aire sereno. Esto se demuestra por el hecho de que el agua jamás se condensa en sí misma por ningún movimiento bajo su superficie, ya que, cuando es golpeada con un objeto en movimiento, el aire está dentro de ella. Esto lo podemos verificar por las burbujas que, desde la superficie hasta el fondo, aparecen en el agua y que se amontonan por el sitio donde el agua llena el vacío que deja detrás de él el pez. El movimiento del agua golpea y lleva al pez, debido a que el agua únicamente tiene peso cuando tiene movimiento, y esta es la principal razón del incremento de movimiento para el motor.

Del viento.

El aire se mueve igual que un río y lleva las nubes, así como el agua corriente arrastra todo lo que está flotando sobre ella. El movimiento del aire contra un cuerpo fijo es tan enorme como el movimiento de un cuerpo en movimiento contra el aire que está inmóvil.

Igual sucede con el agua que, en condiciones similares, he comprobado que actúa parecido al aire, como ocurre con las velas de los barcos cuando van acompañadas de la resistencia lateral de sus timones.

Al bajar las sustancias pesadas por el aire, y el aire se mueve en dirección opuesta para llenar incesantemente el espacio dejado por aquellas, el movimiento del aire realiza una curva. Esto es debido a que cuando intenta elevarse por la línea más corta se siente obstaculizado por la sustancia pesada que desciende sobre él. De este modo es forzado a encorvarse y después volver por encima de esta sustancia pesada con el fin de llenar el vacío que ella dejó. Es así como las aves no podrían mantenerse en el aire que es golpeado por ellas si el aire no se condensara bajo la velocidad de la sustancia pesada. Entonces es necesario asegurar aquí que el aire se condensa debajo de lo que choca contra él, y arriba se enrarece con el fin de llenar el vacío dejado por el cuerpo que le golpeó.

De la ciencia del peso proporcionado a las fuerzas de sus motores.

Siempre la fuerza del motor debería ser proporcional a la resistencia del medio en que se mueve el peso y al peso del móvil. Sin embargo, uno no puede deducir la ley de esta acción, a no ser que descubra primeramente la cantidad de condensación del aire cuando es golpeado por cualquier cosa que se mueve. Y según que sea mayor o menor la velocidad del móvil que presiona sobre él, esta condensación es menos o más densa. Esto aparece en el vuelo de los pájaros, debido a que el sonido que producen con las alas cuando baten el aire es más agudo o menos, según que el movimiento de las alas sea más rápido o más lento.

Estructura de las alas de los pájaros

En primer lugar realicemos la anatomía de las alas del pájaro; seguidamente, la de sus plumas con pelusa y desprovistas de ella.

Vamos a estudiar la anatomía de las alas de un pájaro junto con los motores de aquellas, que son los músculos de la pechuga. Habrá que hacer igual con el ser humano, para mostrar la posibilidad que existe en él para mantenerse en el aire agitando las alas.

Tal vez se diga que los músculos y tendones de un pájaro son enormemente más fuertes que los de un ser humano. Se fundamentan en que la fuerza total de tantos músculos y carne de la pechuga estimula e incrementa el movimiento de las alas, y todo el hueso de la pechuga es de una pieza y, por tanto, le da al ave una fuerza muy grande. A esto se agrega el estar las alas cubiertas por una malla de tendones muy gruesos y otros ligamentos cartilaginosos fuertes, además de la piel bastante espesa con diversidad de músculos.

La contestación a esta objeción es que una fuerza semejante la tienen como reserva, y no para sostenerse normalmente sobre sus alas. Esta fuerza la reservan porque requieren algunas veces duplicar o triplicar sus movimientos para huir del cazador o cuando desean perseguir su presa. Necesitan en esos casos poner todas sus fuerzas en acción, con mucha más razón si en sus garras llevan un peso similar al suyo a través del aire. De esa manera, por ejemplo, observamos un halcón llevando un pato, y un águila alzando una liebre, lo cual revela dónde se gasta el exceso de fuerza. Únicamente necesitan una pequeña fuerza para sostenerse y balancearse con las alas agitándolas en el viento, y es suficiente un movimiento muy pequeño de las alas para dirigir su curso. Estos movimientos, cuanto mayor sea el tamaño de las aves, serán tanto más lentos.

Las plumas más livianas se encuentran colocadas debajo de aquellas más resistentes, y sus extremidades están vueltas hacia la cola del ave. Esto es de esa manera debido a que el aire por debajo de los objetos volantes es mucho más espeso que el que se encuentra por encima y por detrás, y el vuelo necesita que estas extremidades laterales de las alas no tropiecen con el choque del viento; de lo contrario, se separarían de inmediato y se dispersarían, aparte de ser penetradas por el viento. Debido a eso las resistencias deben estar situadas de tal forma que las partes con una curva convexa se vuelven hacia el cielo, y de este modo, cuanto más las golpea el viento, más descienden y se aproximan a las resistencias más bajas. De esa manera evitan la entrada del viento por debajo del lado delantero...

Siempre, el ala de los pájaros es cóncava en la parte inferior, y se prolonga desde el codo hasta la espalda; lo demás es convexo. El aire se arremolina en el lado cóncavo del ala, y es presionado y condensado en el lado convexo.

Las plumas de más longitud de las alas son flexibles, ya que, desde el centro a la punta, no se encuentran cubiertas por otras.

Los cascos colocados en las espaldas de las alas son muy necesarios para mantener al pájaro inmóvil y en equilibrio en el aire cuando se debe enfrentar con una corriente aérea.

El casco está colocado cerca de donde se curvan las plumas de las alas. Su inmensa fuerza hace que se doble nada o poco, al estar situado en una parte muy fuerte y provista de tendones muy fuertes; aparte de eso es de hueso duro y se encuentra cubierto de fuertes plumas que se resguardan y apoyan entre ellas.

Las aves de cola corta poseen alas muy anchas, con las que, aprovechando su anchura, ocupan el sitio de la cola. A la vez, cuando quieren volver e ir a otro sitio hacen un excelente uso de sus yelmos colocados en las espaldas.

¿A qué se debe que los tendones de debajo de las alas de los pájaros son más fuertes que los de arriba? Esto se debe al movimiento de la espalda, que es el casco del ala, por debajo es cavernosa, al estilo de una cuchara, siendo convexa por arriba y cóncava por debajo. Está constituida de esa manera para que resulte fácil el proceso de ascenso y el de descenso difícil al hallar resistencia. Está adaptada especialmente para avanzar hacia adelante, retirándose a manera de una lima ella misma.

Los cascos formados en las espaldas de las alas de los pájaros se encuentran dotados de ingeniosos resortes como medios competentes para desviar los estímulos directos que frecuentemente suceden durante su precipitado vuelo. Puesto que un pájaro encuentra mucho más provechoso doblegar una de las partes más pequeñas de las alas por una fuerza directa que todo el conjunto. El motivo por el que sus plumas son de una contextura fuerte y pequeña es que se puedan cubrir entre ellas. De esa manera se arman y fortalecen recíprocamente con magnífico poder. Estas plumas se apoyan en fuertes y pequeños huesos que se mueven y encorvan, por medio de los tendones, sobre las sólidas articulaciones de estas alas.

La posición y movimiento de estos huesos en las espaldas de las alas se asimila al del dedo pulgar de la mano del ser humano, que estando rodeado de cuatro tendones paralelos uno del otro en la base, con ellos ejecuta un sinfín de movimientos, tanto en línea recta como circulares.

Igual podemos decir del timón situado detrás del buque copiado de la cola de los pájaros; la experiencia nos muestra con cuanta más facilidad da vueltas este timón tan pequeño durante los veloces movimientos de los buques que el buque en sí.

Cuando vuelan, los murciélagos deben tener necesariamente las alas cubiertas totalmente con una membrana. Esto es debido a que los pájaros nocturnos buscan huir a través de confusos revoloteos del sitio donde se alimentan y, debido a sus muchas vueltas y revueltas, la confusión se hace mayor. De esa manera, en ocasiones los murciélagos tienen que perseguir a su presa boca abajo, en otras en posición inclinada o de otras maneras. No podrían, entonces, realizar esas formas de vuelo sin causar su propia destrucción si sus alas fueran de plumas por las que el aire puede pasar.

2. NATACIÓN Y VUELO

Al chocar dos fuerzas una contra otra, la más rápida es siempre la que salta hacia atrás. De esa forma ocurre con la mano del nadador cuando presiona el agua y su cuerpo se desliza hacia adelante con un movimiento opuesto, e igual sucede con el ala del pájaro en el aire.

La natación muestra al hombre cómo actúan los pájaros en el aire. Enseña, además, el método de volar y que la resistencia de un cuerpo en el aire es tanto más grande cuanto más grande sea su peso.

Miremos el pie del ganso: no podría realizar ningún movimiento si siempre estuviera abierto o siempre cerrado, mientras que al tener hacia fuera la curva del pie, cuando se dirige hacia adelante toca más agua que cuando se dirige hacia atrás. Esto demuestra que cuanto más grande es el peso, el movimiento es más lento. Miremos ahora al ganso moviéndose en el agua; al mover la pata hacia adelante, la cierra, ocupando solo un poco de agua, y de esta forma logra rapidez; al echar la pata hacia atrás, la extiende, y de este modo avanza más lentamente. De esa forma se torna más rápida la parte del cuerpo que está en contacto con el aire.

¿A qué se debe que el pez en el agua es más veloz que el pájaro en el aire, cuando tendría que ser lo contrario, ya que el agua es más pesada que el aire, y el pez es más pesado que el pájaro y tiene más pequeñas las aletas? Justamente por el pez ser así, no es arrastrado por las vertiginosas corrientes de agua como lo es el pájaro en el aire por la violencia de los vientos. Podemos observar al pez acelerando su marcha hacia arriba en la corriente opuesta de agua que desciende de forma precipitada como un rayo entre nubes continuas. Esto es debido a la gran velocidad con que se mueve, excediendo de tal modo al movimiento del agua, que comparado con el movimiento del pez esta parece inmóvil...

Esto ocurre porque el agua es más densa que el aire y, en consecuencia, más pesada. Y es más veloz en llenar el vacío que deja el pez tras él en el sitio de donde sale. Igualmente, el agua con que choca de frente no se condensa como el aire ante el pájaro, sino que más bien realiza una ola que con su movimiento alimenta el movimiento del pez y prepara el camino. De aquí que sea más veloz que el ave, que tiene que hallar al frente aire condensado.

De la manera en que tendría que aprender a nadar un ser humano. De la forma en que se debe mantener en el agua. De cómo un hombre tendría que protegerse contra los remolinos de las aguas que le hunden hasta las profundidades. De cómo, cuando ya está absorbido por la corriente, un hombre debe buscar la corriente refleja que le saque de allí. De cómo debería moverse con los brazos. De cómo debería nadar de espalda. De cómo puede mantenerse bajo el agua tanto tiempo cuanto puede contener la respiración.

El submarino.

*De cómo a través de un mecanismo, muchos
son capaces de mantenerse por algún tiempo
debajo del agua.*

Yo no difundo mi técnica para permanecer bajo el agua por tanto tiempo cuanto podría aguantar sin alimento un hombre, por la frágil naturaleza del ser humano, que asesinaría en el fondo del mar, destrozando buques y hundiéndolos con toda la tripulación. Pese a eso, voy a ofrecer varios datos acerca de otras cosas, que no inducen a ningún riesgo. A manera de ejemplo, arriba de la superficie del agua puede emerger la boca de un tubo a través del cual se pueda respirar, apoyado en trozos de corcho o pieles.

Cuando emprenden el vuelo, las líneas del movimiento de los pájaros son de dos clases: una es rectilínea y curva, y la otra es siempre en espiral.

A través de un movimiento circular en forma de tornillo, el pájaro se remonta a las alturas, por el que realiza un movimiento reflejo contra la embestida del viento, volviéndose siempre a su izquierda o a su derecha.

Avanzará con un movimiento circular el pájaro cuyos golpes de ala son más prolongados en un ala que en la otra.

Si un pájaro no quiere bajar velozmente hacia abajo, teniendo las alas quietas, después de una serie de descensos inclinados, ascenderá por un movimiento reflejo y se solventará en un círculo, levantándose igual que lo hacen las grullas cuando rompen las líneas de su vuelo y se congregan en bandada para levantarse en forma de tornillo después de muchas vueltas; más tarde, volviendo a su línea inicial, continúan su primer movimiento por el que caen con un descenso muy suave, volviendo a la bandada otra vez y se elevan moviéndose en círculo.

Cuando un ave vuela, con un viento del norte, hacia el este y coloca su ala izquierda por encima del viento volcará, a no ser que su ala izquierda, con el impulso del viento, se coloque debajo de ella, y se lance hacia el noroeste a través de ese movimiento.

De por qué el pájaro se sostiene en el aire.

El aire, tanto más cuanto mayor es la rapidez del cuerpo móvil que lo golpea, se condensa.

La atmósfera es un elemento con la capacidad de condensación cuando es golpeada por un objeto que se mueve a mayor rapidez que la que ella lleva. Cuando se condensa de esa manera, forma, dentro del resto del aire, una nube.

Cuando el ave está dentro de una corriente de aire, se puede sostener sin sacudir las alas, debido a que no necesita movimiento la función que tienen de actuar en oposición al aire. Las sostiene el movimiento del aire contra las alas inmóviles, al tiempo que es el movimiento de las alas lo que las sostiene cuando el aire está tranquilo.

Al pasar por las cumbres de las montañas, el viento se vuelve denso y rápido. Se enrarece y se hace lento una vez que ha pasado las montañas, igual que el agua que brota de un canal angosto al extenso mar.

Cuando el pájaro pasa de una corriente lenta de aire a otra veloz, se deja llevar por el viento hasta encontrar una nueva forma de mantenerse por sí solo...

Cuando el pájaro se mueve impetuosamente contra el viento, hace rápidos y largos aleteos con un movimiento inclinado; posteriormente, batiendo sus alas, continúa por un instante con sus miembros abatidos y contraídos. El pájaro se encontrará volcado por el viento cuando se ponga en una posición poco inclinada y por debajo sea golpeado por los vientos laterales. Si el pájaro que es golpeado por un viento lateral hasta ser derribado pliega su ala superior, volverá de inmediato a su posición normal con el cuerpo vuelto hacia el suelo; si encoge el ala inferior se verá en seguida volcada patas arriba por el viento.

El viento ejerce igual fuerza sobre un pájaro que una cuña alzando un peso.

La naturaleza ha logrado que todos los grandes pájaros puedan mantenerse a gran altura, donde el viento que empuja su vuelo va en línea recta y es de gran fuerza. Si volasen entre las montañas a baja altura, donde el viento se encuentra dando vueltas y lleno de torbellinos, donde no pueden hallar ningún lugar para resguardarse de la violencia de los vientos condensados en las cavidades de las montañas, donde les es imposible orientarse con sus enormes alas para evitar chocar contra árboles y rocas, ¿todo esto no sería causa de su destrucción? Al contrario, cuando se encuentran a grandes alturas, el viento da vueltas de cualquier modo, y entonces el pájaro siempre tiene tiempo de dirigir nuevamente su vuelo y adaptar con seguridad su curso, que seguirá en total libertad...

Teniendo en cuenta que el principio de algo es frecuentemente el nacimiento de grandes resultados, podemos observar cómo un pequeño y casi imperceptible movimiento del timón tiene poder para volver un buque de enorme tamaño, cargado con un gran peso, en mitad de una gigantesca masa de agua que le presiona y un viento exaltado que rodea sus poderosas velas. Debido a eso, podemos estar seguros de que a esos pájaros que se pueden mantener sin batir las alas por encima de la trayectoria de los vientos, un leve movimiento de ala o de cola les será útil para entrar por encima o por debajo del viento y les será suficiente para impedir su caída.

Los pájaros que vuelan velozmente, conservando siempre igual distancia del suelo, sacuden sus alas hacia abajo y hacia atrás: hacia abajo para impedir el descenso, y hacia atrás cuando desean avanzar con gran velocidad.

El abrir y desplegar de la cola controla la velocidad del ave.

Las aves extienden su cola en todos los cambios de dirección que efectúan.

El hecho de bajar y extender la cola, así como el de abrir las alas a la vez en toda su extensión, detiene el movimiento veloz de los pájaros. Cuando estas se aproximan al suelo con la cabeza más baja que la cola, bajan la cola, que está extendida y abierta en toda su amplitud, dando golpes muy pequeños con las alas. De este modo, la cabeza se levanta por encima de la cola y la velocidad queda frenada de tal forma que se puede posar, sin chocar, en el suelo.

Muchos pájaros mueven sus alas con igual velocidad cuando las dejan caer que cuando las levantan. Por ejemplo, las urracas y aves similares.

Existen otras que tienen la costumbre de moverlas con más velocidad cuando las bajan que cuando las suben; en este caso están las palomas y aves parecidas. Otras descienden sus alas más lentamente que las suben; esto lo podemos observar en los cuervos y aves parecidas. El milano y otros pájaros que baten sus alas levemente buscan la corriente del viento; debido a eso, si el viento sopla a cierta altura se les ve a ellos altos, y vuelan bajos si el viento sopla bajo. El milano bate más las alas en su vuelo cuando no hay viento, de tal forma que se eleva a la altura y logra impulso, con el cual, al caer posteriormente poco a poco, puede andar una enorme distancia sin agitar las alas. Hace lo mismo una vez que ha descendido, y sigue así sucesivamente. Este descenso sin agitar las alas le es útil para descansar en el aire después del agotamiento anterior.

La totalidad de las aves que hacen un enorme esfuerzo para elevarse agitando las alas, tienden a descansar durante el descenso, porque mientras descienden sus alas se mantienen inmóviles.

El milano en su descenso da y cruza el aire cabeza abajo, por lo que se ve obligado a doblar la cola todo lo más posible en dirección opuesta a la que quiere ir. Entonces, doblando la cola ágilmente en la dirección que quiere volver, el cambio en la trayectoria del pájaro va a corresponder a la vuelta de la cola —igual que el timón de un buque, cuando se gira, gira al buque—, pero en dirección opuesta.

Un ave que se mantiene en el aire contra el movimiento de los vientos tiene en su interior una fuerza que le impulsa a bajar, existiendo otra similar en el viento que le impulsa a subir. Si son iguales estas fuerzas, de tal modo que una no supere a la otra, el pájaro no podrá ni ascender ni bajar. En consecuencia, permanecerá firme en su posición en el aire.

De por qué los pájaros, cuando emigran,
vuelan en oposición al movimiento del viento.

Cuando emigran, los pájaros vuelan en contra de la corriente del viento, no con la finalidad de que su movimiento sea más veloz, sino para que sea menos agotador. Esto lo hacen con un leve aleteo por el que entran por debajo en la corriente del aire con un movimiento inclinado, colocándose de forma oblicua en el recorrido del viento. El viento entra por debajo del declive del ave como una cuña y lo alza hasta que se disipa el impulso obtenido; posteriormente a esto el pájaro desciende debajo del viento nuevamente... Después repite ese mismo movimiento reflejo sobre el viento hasta que recobra la altura que ha perdido, y sigue sucesivamente así.

De por qué los pájaros vuelan en raras
ocasiones en dirección de la corriente de viento.

Los pájaros, en muy pocas ocasiones, vuelan en dirección de la corriente del viento. Esto es debido al hecho de que los envuelve esta corriente, y enfría la piel al descubierto y separa las plumas de la espalda. Sin embargo, el mayor problema consiste en que después de una bajada inclinada, su movimiento le impide entrar en la corriente de aire y lanzarse, con su ayuda, a su primera elevación, a no ser que vuelva atrás, lo cual podría retardar su desplazamiento.

Cuando se hace lento el vuelo de los pájaros, estos extienden más y más las plumas de las alas, acorde con la ley, que señala: un cuerpo cuando adquiera mayor anchura se tornará más liviano.

Cuando se expande, un pájaro pesa menos, y al contrario, cuando se contrae pesa más. Las mariposas, en su descenso, llevan a cabo este tipo de experimentos.

Cuando el pájaro desea levantarse batiendo las alas, sacude las extremidades de las alas hacia sí y levanta la espalda. De esta manera logra condensar el aire que se interpone entre la pechuga del pájaro y las alas, y le levanta la presión del aire.

Cuando el pájaro desea volver al lado derecho o izquierdo agitando las alas, batirá con menos fuerza el ala del lado hacia el que desea volver, y de esa manera el pájaro torcerá su movimiento tras el impulso del ala que mueve más y, bajo el ala del lado contrario, ejecutará el movimiento reflejo.

Cuando un pájaro vuela contra el viento, su carrera se deberá hacer en una línea inclinada hacia la tierra, entrando por debajo del viento..., pero cuando esta desea subir a cierta altura, entrará por encima del viento y retendrá mucho del impulso que ha conseguido en el descenso del que ya hemos mencionado. De esta forma, a través de la velocidad ganada, bajará las esquinas de las alas y la cola y levantará su casco. Se encontrará, entonces, por encima del viento...

Todas las mariposas e insectos parecidos vuelan con cuatro alas, siendo las delanteras más grandes que las de atrás. Las de delante en parte son útiles como cubierta para las de atrás.

Los insectos de este grupo, todos, poseen fuerza para elevarse de forma perpendicular, ya que se separan cuando levantan sus alas, quedando las alas delanteras con mucho más altura que las de atrás. Esto sigue tanto tiempo como dura el impulso que las estimula hacia arriba, y entonces, cuando las alas bajan, las más grandes se unen a las más pequeñas, y adquieren nuevo impulso al descender.

La panícola vuela con cuatro alas, y cuando se levantan las de adelante, las de atrás se bajan. Sin embargo, es necesario que cada par sea capaz de soportar todo el peso. Al levantarse un par, el otro se baja. Si deseamos observar el vuelo con cuatro alas, podemos dirigirnos a los fosos y allí contemplaremos la negra "pannicola".

3. La máquina voladora

La imaginación del hombre puede crear distintos inventos abarcando el mismo fin con varios instrumentos. No obstante, jamás describirá ninguno más a propósito y más económico que los de la naturaleza, ya que no existe nada caprichoso ni superfluo en sus inventos.

Un pájaro es un instrumento que procede acorde con las leyes matemáticas. El ser humano tiene capacidad para imitar este instrumento con todos sus movimientos, pero no con toda su fuerza, faltándole únicamente poder para mantenerlo en equilibrio. Entonces podemos decir que a un instrumento construido de esa manera por el ser humano no le falta nada más que la vida del pájaro, y esta tiene que ser copiada de la existencia del hombre.

La vida que habita en los miembros del pájaro obedecerá mejor a sus necesidades que la vida del ser humano, debido a que la de este se encuentra separada de ellos, principalmente en aquellos movimientos que mantienen el equilibrio y son más imperceptibles. No obstante, ya que observamos que el pájaro está dotado de muchas diversidades sensitivas de movimiento, podemos concluir que la inteligencia del hombre será capaz de entender sus movimientos más sensibles, y de llegar a poder impedir, en gran medida, la ruina de ese instrumento, del que él mismo se ha hecho guía y vida.

Una sustancia opone tanta resistencia al aire como este a la sustancia. Veamos cómo el agitar de las alas contra el aire sostiene a una pesada águila en el aire enrarecido cercano a la esfera de fuego primario.

También observemos cómo el aire en movimiento sobre el mar llena las infladas velas y conduce poco a poco barcos de carga.

Se deduce de estos ejemplos y de las razones dadas, que una persona con enormes alas y debidamente amarrado podría dominar la resistencia del aire y, venciéndolo, elevarse sobre él.

Si una persona dispone de una tienda cubierta con un toldo y de doce brazos de ancho por doce de alto, se puede lanzar, sin herirse, desde cualquier altura.

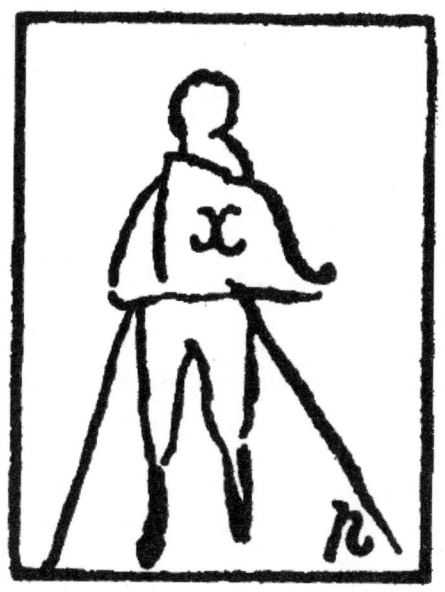

La persona suspendida de máquinas voladoras debe estar libre de la cintura para arriba con el fin de poder balancearse igual que lo hace una barca, de tal modo que se puedan compensar entre sí su centro de gravedad y el de la máquina. De esa manera se podrá trasladar donde sea necesario a través de un cambio en el centro de su resistencia.

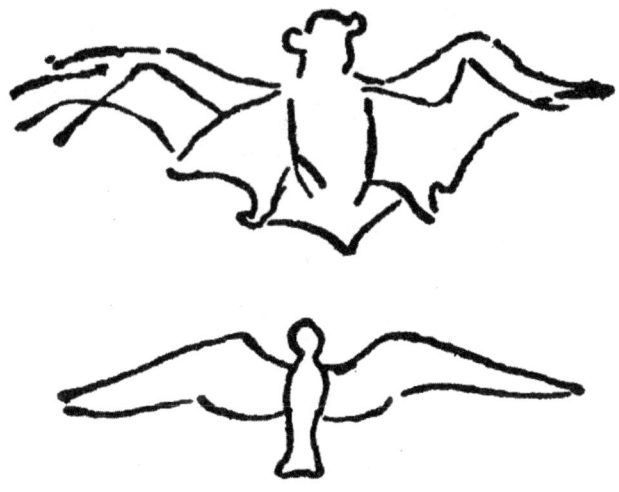

No olvidemos que la máquina voladora debe imitar al murciélago, en el que sus membranas son útiles como estructura o, más bien, como medio para conectar el armazón de las alas, que es la estructura.

Si reproducimos las alas de las aves emplumadas, estas en su estructura son más poderosas, debido a que son penetrables; es decir, sus plumas se encuentran separadas y a través de ellas pasa el aire. Al contrario, las membranas ayudan al murciélago, sin ser penetrado por el aire, a unirlo todo. Entonces, seccionemos un murciélago, y preparemos la máquina voladora a partir de este modelo.

Imaginemos que hay un cuerpo suspendido similar al de un pájaro cuya cola se le hace girar hacia un ángulo de distintos grados. Podremos deducir por este medio una regla general para las diversas vueltas y revueltas en los movimientos de los pájaros, causados por la flexión de las alas. En la generalidad de los movimientos, se transforma en guía del movimiento la parte más pesada de cada cuerpo que se mueve.

Cuando la fuerza que posee un cuerpo se puede dividir en cuatro, por medio de sus cuatro extremidades auxiliares, el que los mueve será capaz de usarlos desigual e igualmente, según el dictamen de los diferentes movimientos del cuerpo volador. Si todos se mueven de igual manera, el cuerpo volador va a tener un movimiento regular. Si se utilizan desigualmente en una proporción continua, el cuerpo volador va a tener un movimiento en círculos.

La máquina voladora que describí debería elevarse a una gran altura con la ayuda del viento, y esto representará su seguridad. Incluso si todas las revoluciones mencionadas se dieran, aun tendría tiempo para recobrar una posición de equilibrio con tal que sus lados tuvieran una enorme firmeza para poder resistir el impulso del descenso con el apoyo de las defensas que he nombrado y de las articulaciones hechas de fuerte piel curtida y de su equipo, formado por cuerdas de seda resistente en rama. No debe existir ninguna banda de acero, debido a que estas se desgastan y se rompen en los puntos de unión con mucha facilidad; por este motivo es preferible no usarlas.

FILOSOFÍA

I. Reflexiones sobre la vida

1. La vida pasa

Todo lo que existe de hermoso en el ser humano pasa y no perdura.

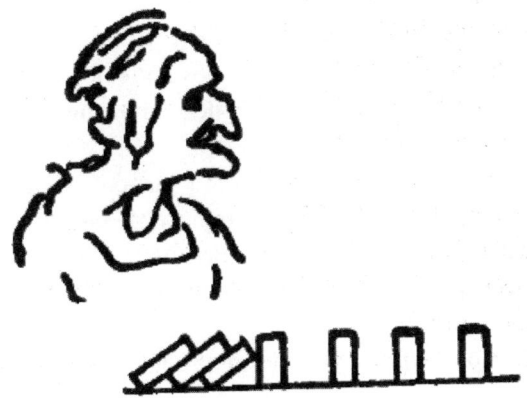

Uno está empujando al otro. Estos bloques cuadrados son condición de los hombres y signos de la vida.

El tiempo nos desilusiona y las personas nos engañan. Las ansiedades de la vida son nada. La muerte se ríe de nuestras inquietudes.

Aquel que vive siempre deseando tener más por miedo de desear más es sumamente insensato. Su vida se esfuma en el instante en que aun está esperando disfrutar de las riquezas obtenidas con tantos trabajos.

Ese que más tiene, más temor tiene de perderlo.

¡Oh tiempo, que consumes todo! Edad envidiosa, tú destruyes todo y lo engulles con los dientes duros de los años paulatinamente en una muerte lenta. Elena se miró en el espejo y cuando observó su cara arrugada y marchita por la edad, estalló en llanto y se preguntó por qué se había desgastado tan rápido. ¡Oh consumidor de todas las cosas, terrible tiempo! ¡Oh edad envidiosa, por la que se consume todo!

...Esta miserable vida no debería pasar sin dejar en la memoria de los mortales un recuerdo nuestro.

La hora será marcada por la bajada de una bolsa de cuero pequeña llena de aire, empujada hacia adelante y hacia atrás por un peso de plomo. Medios no nos faltan para dividir y medir nuestros miserables días, que, deseáramos no se desperdiciasen y pasasen inútilmente y sin gloria, y sin dejar en la memoria de los hombres un recuerdo de ellos.

Tú que duermes, ¿el sueño qué es? El sueño es simplemente la imagen de la muerte. ¿Por qué no trabajas de tal forma que te quede la huella de una vida perfecta después de la muerte, más bien que hacer que la vida se asemeje, a través del sueño, a la desventurada muerte?

Escapa de esos estudios cuyo resultado fallece con el que los realiza.

Dios, yo te obedezco; primeramente por el amor que te debo, y además porque tú puedes reducir o prolongar la existencia de los seres humanos.

El agua que tocas en los ríos es la primera que viene y la última que ha pasado. Igual ocurre con el tiempo presente. La existencia bien aprovechada es muy larga.

Sin ser notado, el tiempo se desliza y engaña a los hombres. No existe nada más escurridizo que los años, pero el que siembra honestidad cosecha alabanza.

En la juventud adquiere aquello que puede remediar los padecimientos de la vejez. Y si eres consciente de que la vejez posee sabiduría en vez de alimento deberás esforzarte en la juventud para que no le falte el sustento a la vejez.

He aprendido cómo morir mientras pensaba que estaba aprendiendo a vivir.

Al ambicioso, a quien no le alegran ni la felicidad de vivir ni la hermosura del mundo, le cae como penitencia el despilfarro de su existencia y el quedarse sin la belleza y sin los beneficios del mundo.

De igual manera como un día bien vivido provoca un sueño feliz, una vida bien vivida fructifica en una existencia dichosa.

En el recuerdo todo mal deja una estela de dolor, con excepción de la muerte, mal superior que destruye ese recuerdo junto con la existencia.

Los hombres se lamentan erróneamente de que el tiempo vuelve, culpándole de ser excesivamente rápido, sin advertir que su duración es suficiente. Pero la buena memoria con que la naturaleza nos ha revestido hace que nos parezca presente el largo tiempo pasado.

Para nuestra razón no es posible calcular con orden exacto las cosas que han sucedido en distintos espacios de tiempo, debido a que muchas cosas que han ocurrido hace ya demasiados años parecen vinculadas de cerca con el presente, y parecerán antiguas muchas cosas recientes relacionándolas con el tiempo de la distante juventud. Igual ocurre con la mirada ante los objetos alejados: cuando se encuentran iluminadas por el sol parecen próximos al ojo, mientras que parecen lejanas muchas cosas que están próximas.

Piensa que el deseo y la esperanza de volver a la propia patria y al estado inicial del caos es igual que el deseo de la polilla de mirar la luz, y como el del ser humano que anhela dichoso el nuevo verano y la nueva primavera, los nuevos meses y los nuevos años, soñando que lo que anhela demora en llegar, sin notar que desea su propia destrucción. Este deseo es en esencia el espíritu de los elementos que se siente encarcelado como lo está el alma dentro del cuerpo, suspirando siempre por volver al lugar de origen. Yo desearía que conocieras que esta melancolía es fundamental a la naturaleza y que el hombre que suspira de esa manera es el tipo y modelo de los suspiros de la Tierra.

Entre las inmensas cosas que encontramos entre nosotros, la más grande es la existencia de la Nada. Esta proyecta sus miembros al pasado y al futuro, habita en el tiempo, abarcando con ellos todas las caras del futuro y del pasado, tanto las de los animales como las de la naturaleza. Ella no tiene nada del presente indivisible. No obstante, no abarca la esencia de la totalidad de las cosas.

Los límites de la nada son la nada y no posee centro.

Alguno de mis adversarios puede afirmar que son idénticos la nada y el vacío, pese a tener nombres diferentes y que no existen en la naturaleza separadamente. Mi contestación es que donde quiera que haya un vacío, también se da un espacio circundante, pero la nada vive fuera de un espacio ocupado. En consecuencia, la nada y el vacío no son iguales, porque la nada es indivisible y el vacío se puede dividir hasta el infinito. Porque la nada no puede ser menos de lo que es. Y si deseáramos tomar una porción de ella, esta sería idéntica al todo y el todo a la parte.

2. La vida del cuerpo

De cómo el cuerpo animal fallece y se renueva incesantemente.

El cuerpo de todo ser que se alimenta de forma continua muere y constantemente se renueva, debido a que el alimento únicamente puede entrar allí donde ha sido digerido el alimento anterior, y ya no tiene vida una vez digerido. A no ser que se proporcione un alimento similar al que fue digerido, faltará la energía, la fuerza y la vida, y si se le quita el alimento completamente, la vida se destruirá. Pero la vida se va renovando al recobrar lo que se ha ido perdiendo día a día. Igual que la luz se renueva y mantiene gracias al aceite que la alimenta. Mientras la llama agoniza va cambiando en un humo oscuro el brillo de su luz. Esta muerte es incesante igual que el humo, y el humo perdura en la medida que se la va alimentando, y la luz en un mismo instante está muerta y totalmente renovada por el movimiento que la nutre.

Por qué la naturaleza no dispuso que un animal no viviera por el alimento proveniente de la muerte de otro.

Al ser inconstante y complacerse en la continua creación de nuevas formas de existencia, porque sabe que aquellas incrementan su materia terrestre, la naturaleza está más dispuesta a crear y es más veloz en hacerlo que lo es el tiempo en devastar. Debido a eso ha determinado que muchos animales deben ser útiles como alimento para otros. Y como esto no es bastante para complacer su deseo creativo, frecuentemente suministra ciertos vapores pestilentes y venenosos, plagas permanentes en los rebaños de animales y, principalmente, en las personas, ya que estas aumentan velozmente, porque de ellas no se alimentan otros animales. De esa manera, cesan los efectos cuando se remueven las causas.

En consecuencia, de aquí se deduce que la tierra busca perder su existencia, mientras desea una reproducción permanente por la razón expuesta y comprobada. Los animales son útiles como tipo y modelo de la existencia del mundo.

La naturaleza aparece aquí más bien como una madrastra cruel y feroz para muchos animales, y como una excelente madre. Sin embargo para algunos no únicamente no es una madrastra, sino más bien la madre más sensible, dulce y delicada.

Con la muerte de otros se mantiene nuestra vida. Hay una vida insensible en la materia muerta, que vuelve a tomar vida reunida en los estómagos de los seres vivientes: Intelectiva y sensitiva.

Realmente, el hombre y los animales son el paso y conducto del alimento, la sepultura de los animales y el lugar de reposo de los fallecidos, ya que de la muerte de otro producen vida, se complacen en el infortunio de los demás y ellos mismos se convierten en encubridores de la corrupción.

La naturaleza ha decidido que los animales que se pueden mover tengan que sentir dolor para mantener esas partes que podrían debilitarse o desgastarse por el movimiento. Las plantas, al contrario, no se pueden mover ni chocar contra ningún objeto, no necesitando percibir la sensación de dolor cuando son cortadas como los animales.

La causa de la generación es el deseo sexual, y el sostén de la vida es el apetito.

La timidez o el temor prolongan la existencia, el engaño sirve para preservar sus instrumentos.

El que siente temor a los peligros no muere en ellos.

Como la valentía y el arrojo ponen en riesgo la vida, el miedo la resguarda.

El miedo surge antes que cualquier otra sensación.

Todo ser humano quiere hacer dinero para entregárselo a los destructores de la existencia, los médicos. Debido a eso ellos deberían ser millonarios.

Debes aprender a mantener y proteger tu salud y de esa manera tendrás más éxito en escapar de los médicos, porque sus medicinas son un tipo de alquimia acerca de la cual existen tantas medicinas como libros.

La medicina es la recuperación de los elementos opuestos. La enfermedad es la disconformidad de los elementos infundidos en el cuerpo con vida.

Trata de obtener del santo y del médico el diagnóstico y el tratamiento para tu enfermedad; de esa manera te darás cuenta de que existen hombres elegidos como médicos de enfermedades que desconocen.

Para estar saludable aquí tienes una norma sabia:
Come únicamente cuando lo necesites, y que tu cena sea liviana.
Mastica bien e intenta que los alimentos sean frugales y estén bien cocidos.
Aquel que toma medicinas está mal aconsejado.
Evita el mal humor y ten cuidado con la rabia.
Cuando te levantes de la mesa permanece en pie.
Al mediodía no duermas.
El vino mézclalo con agua, toma poco a la vez, entre las comidas nada y jamás lo bebas con el estómago vacío.
Que tus deposiciones sean habituales.
Si realizas ejercicio, que sea moderado.
No estés con la cabeza hacia abajo ni con el vientre hacia arriba.
Por la noche arrópate bien.
Que tu cabeza descanse y tu mente permanezca tranquila.
Pon mucha atención a tu régimen alimentario y evita la abundancia.

Creo que los hombres de poco juicio y malos hábitos no se merecen estas recomendaciones tan finas y variadas. Estas son útiles para los juiciosos y sensatos. Para los demás, un saco en el que entran los alimentos y pasan es suficiente. Estos realmente no son otra cosa que un tubo para pasar alimentos y únicamente tienen en común con la especie humana la forma y la voz.

3. La vida del espíritu

Tú, que te extasías en mi obra frente a las obras de la naturaleza y consideras como un fin destruirla, recapacita ahora cuánto más aterrador es quitar la vida a una persona. Si te parece admirablemente realizada la forma exterior, no olvides que jamás puede compararse con el alma que habita en el cuerpo. El espíritu es una cosa divina. Permite que viva y actúe a su agrado, y que esta fuerza vital no sea destruida por tu maldad, porque realmente no merece tenerla quien no la valora.

A disgusto abandonamos el cuerpo, y yo pienso que con razonable desconsuelo y lamento.

Las potencias son cuatro: Apetito, concupiscencia, memoria y entendimiento. Las dos primeras son parte de los sentidos y las otras dos de la razón.

La persona que no controla sus instintos desciende al nivel de las bestias.

Luchar con el mal es más fácil al inicio que al final. No puedes tener sobre otro un dominio más grande que el que tienes sobre ti mismo.

Solicita consejo al hombre que tiene excelente control de sí mismo.

No tendrías apetencias de este mundo si tu cuerpo estuviera guiado por las leyes de la virtud.

De una buena disposición nace la buena cultura y, ya que la causa es más digna de alabanza que el efecto, alabarás menos una cultura sin disposición que una buena disposición sin cultura.

El tormento es más fuerte allí donde hay más sensibilidad.

La más grande felicidad se transforma en causa de infelicidad, y la plenitud de sabiduría en motivo de poca sensatez.

Siempre, para librarse de su imperfección, la parte tiende a unirse con el todo.

El anhelo del alma es mantenerse unida al cuerpo, porque el espíritu no puede sentir ni actuar sin los órganos corporales.

El alma jamás se puede corromper con el cuerpo, sino que actúa en él como el viento que produce el sonido del órgano, en el que si un tubo se estropea, el viento ya no produce buen efecto.

Quien quiera saber cómo vive el alma en el cuerpo, debe observar cómo utiliza el cuerpo su vivienda cotidiana. Si se encuentra desordenada, el cuerpo va a reflejar el desorden y la confusión del espíritu.

Cornelio Celso.

El mayor mal es el sufrimiento del cuerpo y el bien mayor es la sabiduría, debido a que estamos compuestos de cuerpo y alma; la segunda es de mejor condición que el primero; la sabiduría corresponde a la mejor parte, y el principal mal a la peor parte. La sabiduría es lo mejor del alma, y el dolor es lo peor en el cuerpo. Debido a eso, así como el mayor mal del cuerpo es el dolor, el mayor bien del alma es la sabiduría; es decir, de la persona sabia. No existe nada que se pueda comparar con la sabiduría.

Los seres humanos buenos tienen inclinación natural a saber.

Estoy seguro de que muchos tratarán la sabiduría de inservible... Esos únicamente anhelan riquezas materiales y están carentes de aquella sabiduría que es el alimento y la auténtica riqueza espiritual. Así como el cuerpo es menos noble que el alma, las posesiones del cuerpo son menos nobles que las del alma. Cuando veo a uno de estos hombres coger esta obra en sus manos, frecuentemente me asombro de que no me pregunte si es buena para comer o se la coloque en su nariz como un mono.

¡Suplico que no me hagan objeto de escarnio! Yo no soy joven.

Pobre es más bien aquel que anhela demasiadas cosas.

¿Dónde voy a fundar mi morada? Vas a conocer el sitio de tu morada pronto. Contesta por ti mismo. Dentro de un poco...

Tú, oh Señor, al precio de nuestro trabajo nos vendes todas las cosas buenas.

En materia que no conoces, si alabas haces mal, y si desapruebas, aun peor.

Si alabas es malo, y peor si recriminas cosas que no comprendes.

Hablar bien de un hombre despreciable es igual que hablar mal de un hombre honesto.

La envidia hiere con la calumnia, es decir, con acusaciones falsas. Alaba a tu amigo públicamente y corrígelo en secreto.

El ser humano tiene una enorme facilidad para hablar, pero solo dice vanidades y mentiras; al contrario, los animales tienen poca capacidad, pero útil y auténtica, y mejor que una gran mentira es una pequeña verdad.

De sus propias opiniones provienen las más grandes decepciones que padecen los hombres.

La persona que no castiga el mal consiente en que se haga. La justicia necesita voluntad, fuerza y perspicacia. Es parecida a la abeja reina.

Engañando a la turba ignorante, muchos han comerciado con falsos milagros y con el engaño.

Fariseos es igual que decir frailes santos.

Dejo a la imaginación de los frailes todo lo que queda por decir acerca del espíritu, esos padres del pueblo que conocen todos los secretos por inspiración. No entran aquí los libros sagrados, porque ellos contienen la suprema verdad.

Es tan vil la mentira que incluso quitaría algo de la gracia del Señor si hablara bien de lo divino; la verdad es tan buena, que aunque alabe las cosas más intrascendentes, las enaltece.

La luz guarda la misma relación con las tinieblas que la verdad con la mentira. La verdad es tan buena que incluso en las cosas más intrascendentes supera enormemente las mentiras e incertidumbres, debido a que en nuestras mentes, aunque la mentira fuese el quinto elemento, la verdad de las cosas subsistirá como el alimento principal de las mentes superiores, aunque no de ingenios irracionales.

Sin embargo, los que viven de sueños se complacen más en engaños y sofismas que en razones naturales y ciertas no demasiado ponderadas.

Diálogo entre el entendimiento y el espíritu.

Cuando un espíritu se encontró con el entendimiento del que emergió, prorrumpió en voces expresando:

¡Oh!, dichoso y bendito espíritu, ¿de dónde has emergido? Al hombre yo lo he conocido muy bien y se opone a mis deseos. Es un pozo repleto de maldad; un acervo ingente de ingratitud combinada con toda clase de vicios. Pero ¿por qué me agoto pronunciando frases fútiles? En él hallamos todo tipo de pecados. Si se hallasen algunos hombres que tuvieran algo de bueno serían tratados como lo soy yo. He llegado, de hecho, a la conclusión de que es muy malo si se le trata hostilmente y peor si se le trata de manera amigable.

4. ACERCA DEL GOBIERNO

Encuentro medios ofensivos y defensivos para conservar el don más hermoso de la naturaleza, que es la libertad, cuando me siento acosado por déspotas ambiciosos. En primer lugar, quisiera hablar de la situación de los muros y después de cómo pueden los diferentes pueblos defender a sus gobernantes buenos y justos.

Amonestación de Leonardo al duque de Milán.

Todas las sociedades obedecen a sus jefes y son gobernadas por ellos. Estos se unen con sus señores, a la vez que son sometidos por ellos de dos maneras: por vínculos de propiedad o por vínculos de sangre. Por vínculos de propiedad, dejando que cada uno de ellos reconstruya una o dos casas en la ciudad del señor, de las que obtienen algunos ingresos; igualmente pueden recibir rentas de diez ciudades de cinco mil casas con treinta mil habitantes. Por vínculos de sangre, tomando a sus hijos como rehenes, estos son prenda y seguridad contra toda sospecha de su fidelidad. De esta manera el señor logrará esparcir tan enorme multitud de personas, que amontonadas todas como cabras, unas sobre otras, llenarán todo con su fetidez, sembrando la pestilencia y la muerte. De esa manera la ciudad será ventajosa para el señor por sus rentas y la fama eterna de su crecimiento, y llegará a tener una hermosura idéntica a su nombre.

ÍNDICE